拥抱我们的中国梦
——做最好的大学生

武坦稳 ◎ 主编

北京工业大学出版社

图书在版编目（ＣＩＰ）数据

拥抱我们的中国梦：做最好的大学生 / 武坦稳主编. —北京：北京工业大学出版社，2014.12

ISBN 978-7-5639-4115-5

Ⅰ.①拥… Ⅱ.①武… Ⅲ.①爱国主义教育—中国—青年读物 Ⅳ.①D647-49

中国版本图书馆 CIP 数据核字（2014）第 259912 号

拥抱我们的中国梦——做最好的大学生

主　　编：	武坦稳
责任编辑：	符彩娟
封面设计：	元明设计
出版发行：	北京工业大学出版社
	（北京市朝阳区平乐园 100 号　邮编：100124）
	010-67391722（传真）　　bgdcbs@sina.com
出 版 人：	郝　勇
经销单位：	全国各地新华书店
承印单位：	北京建泰印刷有限公司
开　　本：	787 毫米×1092 毫米　1/16
印　　张：	14.25
字　　数：	162 千字
版　　次：	2015 年 1 月第 1 版
印　　次：	2015 年 1 月第 1 次印刷
标准书号：	ISBN 978-7-5639-4115-5
定　　价：	26.00 元

版权所有　翻印必究
（如发现印装质量问题，请寄本社发行部调换　010-67391106）

前 言

有人说人生是一场戏,如果真的是这样,那人生的不同阶段就应该是其中的一折又一折。我们此时已经成了大学生,于是人生之戏的最精彩片段也随之到来了。为什么说大学是人生最精彩的片段?因为这是我们奏响独立宣言的时刻,它对于我们每个人都意味着从被"管制"的无独立行为能力阶段进入了自主之中;意味着思想上的远航终于要付诸行动之上。青春是多么动人的名字,它给我们朝气,给我们希望。昔日梁启超的《少年中国说》还铿锵在耳,今天我们已经用能力去践行!

我们一直都知道,每一个人都有自己的梦想,特别是在"中国梦"大行其道的背景下,我们的梦想之光辉就更加耀眼与充满力量。而大学恰恰是给了我们梦想得以实现的基础,大学的生活让我们拥有梦想飞翔的翅膀,大学的知识更加坚定我们追逐梦想的决心。因为我们明白,你的梦,我的梦,大家的梦都将化作一个托举未来的中国梦!

作为一名大学生,我们应该很理性很直观地去面对大学生活,应该明白文化知识是一切梦想得以实现的前提。没有知识的人生梦会远离,没有文化的青年也不可能心怀明天。我们有理由相信，汗水与努力是一次对智慧的培养，它一定可以陪着我们勇敢地走过大学这人生最精彩炫丽的青春岁月。试回想，旧日的中国曾经几度辉煌，曾经成就文明古国，然而它又何尝不曾饱经风霜，成为他人任意践踏的场所！今天，中国正走着一条数千年以来不曾走过的新道路，它对我们也同时发出"天行健，君子自强不息"的要求。所以在大学生的校园里，我们要做的就是用尽所有的精力去与知识打拼，为梦想的实现积蓄力量。

一个中国的有梦青年，他的肩上有着无限的重托与责任。个人的前途命运，家庭的幸福美好，祖国的兴衰荣辱，这一切全部成为我们追求的梦想。当我们努力汲取知识文化的时候，我们身体素质的要求也注定不容忽略。做强之国人，做勇之后代，这才是一个中国青年，一个当代大学生最应该做的。素质包括了文化，更不能少了体质的要求，只有一个学习、身体、心理全面发展，又面面禁得起考验的大学生，才会是祖国未来的希望，也才有可能成为中国梦的真正践行者。

时代不断前进，我们的路也越走越宽。我们的梦想已经由最初的温饱走向了以正确人生观、世界观、价值观为导向的民族希望之大梦想。今天的我们应该实现自我人生价值，执着向前，怀揣祖国，用坚定与执着去做事，用勤劳与勇敢去做人。有人曾经说过："如果我不在梦里，就在通往梦想的路上。"这就是我们大学生今天的状态，我们正走在实现梦想的路上，我们的梦是一个国家民族的伟大复兴，我们的梦是一次经历了风雨终见彩虹的幸福。同学们，让我们一起努力前进吧，中国梦为我们拉开了帷幕，我们前进的脚步也已经踏上了征程。相信明天我们就会谱写出不同于别人的青春梦想！

目 录

第一章 我们的"中国梦",梦想始于足下

要清楚踏进大学校门的意义 …… 003
要充分了解和掌握自己的学科 …… 005
从大一开始就要进行职业规划 …… 008
千万不要随波逐流地转换学科 …… 011
试着多旁听别的学科的课程 …… 014
"辅修"和"双学士"是可以考虑的 …… 017
要向优秀学生学习,励志成为"BOB" …… 020
有机会一定要竞选学生干部 …… 023
主动请缨,多参加教授的科研工作 …… 026
多听各种不同的讲座 …… 029
了解各种能发挥自己优势的学生竞赛 …… 031

第二章　拥抱"中国梦",一定要明确自己的目标

有理想,为自己画一张未来的蓝图 …………………… 037
将理想细化,制订学期计划 ……………………………… 039
除了有目标,还要讲究实现目标的方法 ……………… 042
做任何事情都要给自己规定完成时限 ………………… 044
做什么事情,都要提前一天安排好 …………………… 047
随时自查学习进度以及学期计划完成情况 …………… 049
对于自己擅长的科目,要精益求精 …………………… 052
大学生活中的变数有很多,适时调整计划 …………… 054
需要时要懂得寻求教授和同学的帮助 ………………… 057

第三章　"三高"定位,让"中国梦"与你携手前进

要有良好的学习态度,虚心比什么都重要 …………… 063
不能以"不挂科"为目标,你要更加优秀 …………… 066
用高标准、高定位、高要求来鞭策自己 ……………… 068
社团活动要参与,学习功课也不能耽误 ……………… 070
对交友也要高标准,与优秀的人同行 ………………… 073
对作业论文,千万不能得过且过 ……………………… 075

单纯阅读还不够，要求自己读通读透 ………………………… 077
听课不简单，每一节课都要有知识吸收 ……………………… 080
听一次讲座，要有不一样的收获 ………………………………… 083

第四章 寻找最适合的方法，"中国梦"推动你不断成长

每个人的学习方法都不同，找到最适合自己的 ……………… 089
别把看书复习看成寻常事，讲求方法最重要 ………………… 092
总有一个学习场所是最适合你的 ………………………………… 095
什么样的记忆方法适合你 ………………………………………… 097
上课做好笔记，课后做好知识回顾 …………………………… 100
选择适合自己阅读的课外图书 …………………………………… 103
今天的事情今天做，今天的作业今天做 ……………………… 106
英语不能死记硬背，要找到渠道练习口语 …………………… 109
多与同学交流，接受新的思维 …………………………………… 111
多与教授交流，突破思维的关键点 …………………………… 114

第五章 学会思考，实践我们的"中国梦"

学会发现问题，这是思考的源动力 …………………………… 119
面对自身问题，不能讳疾忌医 …………………………………… 121

教授说的不一定对，学会批判性思维 …………… 123
尽信书不如无书，怀疑精神你要有 …………… 126
对自己的一言一行要三思而后行 …………… 129
成功了，要懂得总结经验 …………… 131
别太主观，判断事物不能凭直觉 …………… 133
不要过于依赖网络资源，要懂得取其精华去其糟粕 …… 135
学会独立思考，同时也要善于团队思考 …………… 138
勇于提出自己的想法，将思考结果付诸实践 …………… 140

第六章　勇于创新，"中国梦"给你鲜活的思维力量

创新要从突破自己开始，戒除学习陋习 …………… 145
对于没接触过的领域，试试又何妨 …………… 147
大家都这样学习，不代表你一定要这样学习 …………… 149
在学习过程中，善于另辟蹊径 …………… 151
做别的同学不会做的事，有时也是一种收获 …………… 153
试试新鲜事，尝试走出校园 …………… 155
不要在一个社团中待四年 …………… 158
提前进行论文规划，发掘不一样的角度 …………… 160
锻炼身体的方式也能独树一帜 …………… 162
迈出尝试的第一步，才能保证冲刺的力量 …………… 164

第七章 学会承担，"中国梦"需要良好的责任意识

想想自己理想的人生 …………………………………… 169
大家都有理想，你也要有 ………………………………… 171
学会先从小事做起 ………………………………………… 173
如果没能达到目标，别泄气 ……………………………… 175
要找到你自己的兴趣 ……………………………………… 177
明白"三人行，必有我师"的道理 ……………………… 179
多问为什么，凡事别模糊 ………………………………… 182
要乐于助人，才能受欢迎 ………………………………… 184
为自己寻找一个英雄偶像 ………………………………… 186
试着做你自己的英雄 ……………………………………… 189

第八章 自我管理，时刻用"中国梦"鞭策自己前行

学会管理自己，规定每天的学习时间 …………………… 195
别沉溺于网络游戏，那是虚耗大学光阴 ………………… 197
别将过多时间倾注在课外活动上 ………………………… 200
从起床开始，一天的事宜尽力按照规划走 ……………… 202
戒除晚睡晚起的习惯，时间是你学习的根本 …………… 205

保证每天的运动时间，劳逸结合很重要 …………… 207
常规的事情要做，意料之外的事要及时调整规划 ………… 209
考试前夕，作息学习要尽量按照固定规划走 …………… 211
别太放任自己，千万别通宵达旦 ………………………… 214

第一章　我们的『中国梦』，梦想始于足下

要清楚踏进大学校门的意义

当大家结束了九年夜以继日的苦读,当大家怀抱着自己的梦想站立于大学校园的时候,这一刻的自己应该是骄傲的、幸福的、兴奋的,有完全达成了梦想的优越感。可是进入了大学,我们的世界几乎已经成形了,我们应该了解自己,明白自己要走的路,而不是一味地炫耀自己是一名大学生。

现在是一个人人力争向上的时代,"中国梦"的声音在世界每一个地方响起,让世界人民对我们刮目相看。我们这些作为"中国梦"未来推动者的青年肩负着前所未有的责任与义务,我们要为自己多努力,为国家多努力。在这里,我们不应该再满足于书本的教育,因为那是获取知识的狭窄空间;在这里,我们不再为考试而穷追猛打,因为还有着比考试更高的境界。今天的学习已经被赋予了更深一层的意义,它是我们未来的生活,是国家未来的希望。怀抱着"中国梦"前进的我们,要更加向前,更加努力拼搏。

可能大学的学习环境还让我们不太适应，可能这个校园的一切还如此陌生，可是它却让我们为自己的奋斗铺开了稿纸尽情抒写。它等着我们画出宏伟的蓝图，准备着为我们的腾飞做出最后的托举。为此，我们要将暂时的茫然与不知所措收起来，我们要从独立学习与生存的角度去看待大学生活。转变需要人生一点一点地进行，急转弯势必让我们站不稳、走不顺。所以不要急着去让自己出类拔萃，我们有时间来证明自己。此刻，我们最应该做的是像个学生一样，去适应新的学习、生活以及与人相处、自理生活的要求。

你会发现，在大学已经完全变成了主动式吸收知识，没有人会逼着你学，没有人会在意你是不是已经吃透学会。你所要做的就是自己告诉自己："从现在开始，我是独立的个体了。我脱离了父母的监管，也失去了老师的督促，可我不能放任自己，因为大学的生活意味着我将来如何面对社会的能力。"如果这一刻我们还没有搞明白大学是我们走上社会的起步，那我们将来可能就要吃苦了。因为大学的学习看上去没有那么繁重，可是却有着那么多的实际需要：大一用来熟悉，用来接触新鲜事物；大二就要用来赶课程，拿证书；到了大三就应该开始论文的准备、工作的考虑了；大四没有单位接收，会让我们心有不安，惶惶不可终日。这所有的事如果自己不按部就班地进行安排，将来你很有可能就要交出大学的白卷。

也许这样——列举现实会让我们感觉沉重，可是作为一个关心国家与民族命运的"中国梦"推动者，我们难道不应该有这样的决心与毅力吗？我们已经非常清楚，不管我们将来从事哪个行业，我们所付出的都是为了国家的向前而做的努力。所以我们只有努力做好应做的工作，我们只有严格要求自己。大学生活不再是简单的定律与写作时代，它在向我们要一张综合素质的高分卷。我们要以强者的姿态，少说空话，多干实事，去勇敢地挑战时代与自我。只有这样，我们才能与世界接轨，才能真正为了"中国梦"的实现而奉献出自己的一分力量。

所以，从今天开始，从现在开始，我们要以当代大学生的特有姿态，来坚强地面对大学生活。在这里，我们将发挥自己的所长，创造自己的奇迹，面对着世界日新月异的发展而更加严格要求自我。当我们回归家庭，我们是父母的希望与慰藉；当我们面对社会，我们则成为顶天立地的担当者。我们在未来可以为家庭幸福努力，更可以为国家的伟大复兴出力。这才是一个真正的学有所成、学以致用的新时代大学生！

要充分了解和掌握自己的学科

应该说大学四年是我们对自己进行充分自我定位的四年，这对于我们自己将来要走什么样的路很重要。而明确未来之路的定位却在于我们对自己专业的认知，我们的这份专业是什么性质，学习内容有哪些，需要如何学习，这都以自己对这个学科有多少了解，是不是真正能够强而有力地进行掌握为前提。一个连自己所要选择的路都不清楚的人，是永远没有谈论成功与否的资格的，所以了解与掌握自己要面对的专业是大学新生最应该要做的事。

曾经有教育机构对大学的新生做过一次调查，意在了解大学新生对自己专业的满意度。可是在4000多份的问卷里，对自己的专业满意的大学生比例竟然只占到了32%，不满意的人却占大多数。许多大学生进入学校3个月之后，忽然发现自己当初所报考的志愿与自己的性格、潜能、特长以及兴趣都有所偏差，甚至是冲突。而造成这个结果的原因就是自己在最初选择这个专业的时候没有对它完全了解。我们苦读九年，在几百万的竞争者中得到这个学校的录取通知书，难道就是为了自己有一天坐在这所学校懊恼选择的失误吗？当然不是，因此，对自己专业的了解与未来的发展有直接关系。

有些人已经在学校进行学习了，却还不知道自己学了这个专业之后将来可以做什么，或者发现报错了专业，入错了行，这个时候你该怎么办呢？

大一的新生林夏，因为对物理比较感兴趣，同时他看土木工程这个专业就业率高，于是果断地报了这个专业。可是，当他进行了半年的学习之后，他在老师及同学们的交流中开始明白土木工程这个专业，并了解了这个专业所对口的工作。他突然发现自己错了，土木工程专业的毕业生确实容易就业，但他的工作性质除了要与那些枯燥的建筑模型打交道之外，更多的时间是要留在工地上，环境之苦、条件之差难以想象。如果这些都是未来的事，那现在的学习上林夏也一样感觉力不从心。因为大学阶段专业学习中知识的深度是中学阶段难以企及的，仅靠以前对物理的兴趣远远不够，这让他前所未有地忙乱。林夏似乎在一夜之间变得没有了学习的动力，他觉得自己的大学白考了，现在的学习很吃力，未来的工作也根本不是自己想要做的。他开始考虑要不要转换专业，要不要寻找新的出路。于是这样在犹豫中读完了大一，然后他发现，在自己犹豫的这一年时间里，同学们已经非常快地融入新的奋斗中去了。看着别人在学校里生活得如鱼得水，只有自己天天苦思冥想，林夏感觉自己的未来彻底没了希望……

有林夏这种情况的新生应该不在少数，当自己真的走进当初所选的专业时才发现，原来它不是自己想象的样子，这个时候好像为时已晚。一个有着远见的人，永远都会在没有出路的时候看到转机，这就是为什么一定要对自己及自己要走的路有所了解，为什么要对自己所报的专业有所认知与掌握的原因。约翰·杜威说："幸福的关键是发现自己适合做什么并确保有机会去做。"所以如果你不能很好地了解自己的专业，你也许就失去了自己最终做好某个工作的可能性。只有了解了自己所学专业并对其深度掌握之后，我们才能更好地去为未来的发展做规划与奋斗。

可以这样说，一个大学生对于自己所学专业的了解直接影响到以后的行为方式以及人生走向。了解了专业之后才可以很好地对目标进行培养。同时，学习是一个不断设置目标并实现目标的过程，在这个过程中我们得不断上升和进步，没有了解，我们不会知道在这四年的过程里应该获取哪些证书，不知道就业的方向在哪里，将来的职业前景又是怎样的。如此的学习就完全失去了目标，失去了动力。选择专业如果是一次可以更正的错误，那了解专业绝对是一次不可失误的把握，这直接关系着自己人生的发展。我们经常听这样一句话："人贵有自知之明。"如果我们连自己学的专业都不了解，怎么去把握自己？没有办法把握自己又怎么认知自己的能力？这应该是相通并相承的一个关系，想要估计自己，就得知道自己的实力在哪里，想要知道实力就要看目标的确定与执行，而这一切都是从了解开始的。

做到了真正地了解之后，便是我们义无反顾的付出与执行，这是一个真正把握的开始。我们的性格在这个专业中有没有需要克制的地方，我们的兴趣有没有与这个专业的冲突。一系列的取舍之后，我们所看到的就会是一个清晰而明确的前进方向，而且那也将是我们四年时间里为之努力并发展的方向。只有方向与目标不再困扰我们的时候，我们才能心无旁骛地前进。

从大一开始就要进行职业规划

每一年的夏天，都会有成千上万的大学生走上社会，他们所面临的最实际的问题就是工作。可是现在有这样一个说法："毕业之季便是失业之时。"这种尴尬让我们不上不下，有些学生甚至害怕毕业。就业，已经成了大学生所要面临的最为关键的人生转折，而有些人却对这种形势认识不清，在大学里醉生梦死不说，还对未来不做任何考虑，这是多么可怕的事！

一个合格的大学生，其职业的规划应该是从大一便开始的。真正到了大三担心就业,到了大四才找单位实习,那都已经太晚了。大一不是每个大学生想的那样:对高中三年魔鬼生活的一次大放假,对人生未来要面对残酷竞争的一次大放纵。真正了解社会、想法成熟的同学会非常清醒,这是一次开始准确规划未来的机会。职业无疑就是未来的一切,这时不好好进行规划,将来的四年时间很有可能是一场游戏一场梦。

但是,职业的规划对于大学生来说要考虑的因素很多,兴趣、爱好、愿景与期望,还有你自己的专业,各种因素加在一起,可以说错综复杂,我们必须要对它进行一次完全的、准确的分析与总结。这样在未来走上社会的时候,现实与理想才不至于那么错位,而希望与事实也才不至于冲突。这就更加充分地说明,职业规划要趁早,有了早期的心理预知与沿途的奋斗,才不会在未来盲目地去碰壁和失望。

我们都知道美国的知名演员施瓦辛格。据说他的演员工作只不过是自己为未来服务的一种方式。早在他很小的时候,他就有一个伟大的愿望,那就是做美国的总统。可是这个愿望与他的人生似乎有些格格不入,因为他家里很穷,而且他生下来就很瘦弱,这些前提都是他成为总统最大的障碍。但施瓦辛格非常清楚自己未来的方向,于是他为自己做了一个几十年的规划之路:想要竞争总统之位就一定要做美国州长,而做州长则需要良好的财力支配,想拥有这样的财力就必须让自己成为一个影视明星,想要做明星不可能没有良好的身体基础。

施瓦辛格看着自己列出来的规划单,深吸一口气,然后毅然地走向强身健体之路。他从最基础的明星素质开始,先去学习健美。为了让身材尽快得到强化,他不分日夜地练习,三年之后便得到了健美先生的称号,这时的他还不到二十岁。于是他继续努力,继欧洲的健美先生又走向了世界的健美先生，并在二十二岁那年，成功地来到了好莱坞。在好莱坞，施瓦辛格依旧从最基础的演出开始。他出演的小配角不知有多少，和龙套演员没有区别。但他用了十年的时间成就了自己的名气，将自己打造成了一位美国民众心里的超级硬汉的形象。这段时间里，他认识了肯尼迪总统的侄女，他与这个财团千金相恋九年，最终在自己成为世界认可的明星之后，得到肯尼迪家族成员的认可。

这时的施瓦辛格依旧在演出电影，因为他要积累人脉。一直到了五十六岁，施瓦辛格才告别影坛，直接跨入政坛之中，并在家庭及自己人脉的力量之下，成功地坐上了美国加州州长的位子。而现在的施瓦辛格已经进入老年，可是他却一直保持着身体的强健与形象的硬朗，因为他一直在积极地进行着总统的竞选工作准备。

这就是早期规划的最现实例子，就像那句广告词：心有多大，舞台就有多大。对于不可预知的未来，只有未雨绸缪者才能有的放矢，如果我们在大一不做好自己对职业的愿景规划，那又怎么去奋斗呢？真的等到走上工作岗位之后，经过一次又一次的选择与跳槽才对吗？我们时间有限，要做的事情很多，我们怎么可以将时间全都花在工作合适与否的实验上？现在社会真实的模样就是有能力的人选择工作，没能力的人被工作选择。一个不知道自己未来做什么的人，他永远没有选择工作的机会。

尽早地为自己进行职业规划，就等于告诉自己："毕业之后我的生活将是这个样子。"那么，为了这个未来的样子，于是我们开始了脚踏实地的努力。如果你现在还对自己的职业走向不了解，那就马上进行咨询与测试来为自己定位吧。有些网站就有很好的职业倾向测试工具，他们都有专业的老师来指导学生进行测试,让每个人更真实更深入地了解自己的性格及未来的发展,可以说非常正规。做完这样的测试之后,我们就可以正确地对自己的职业方向做定位,有条不紊地朝着目标去努力了。

千万不要随波逐流地转换学科

如果有人问大学的新生:"你因为什么报考自己选择的这个专业?"估计有很多人会说:"因为这个专业更好就业一些。"而真正根据兴趣与专长选择专业的人却成了少数。大概也正是出于这样的原因,所以到了大学之后,很多同学便一直心存转换专业的心思。特别是当自己身边的同学转专业成功之后,他们就再也按捺不住内心的冲动,果断地去申请转换专业了。应该说这种做法本身就是一种很不成熟的做法,在他们看来,自己换专业不过是为了将来毕业之后更好地就业,这虽然无可厚非,但他们却从来没有想过,世界是日新月异的,等他们毕业之后,很有可能就业形势又有了新的变化,那时的他们又该怎么办呢?

有心理咨询老师说:"大学生转换专业的比例之高可以证明现在的大学生并没有因为高考的结束而轻松起来。因为要就业,竞争就更加激烈。大家想要转换专业就是为了更好地给自己的社会地位定位,这从某种层面来说虽然是一种主动应对压力的做法，但这也恰恰反映了一种浮躁、取巧心理增强的校园心态。"确实如此，当初我们极力地为了跳出高考的圈子，成为一名自己选择的专业之内的大学生，可是却又因为社会就业压力的影响而不时地改变自己对于专业的真正认识。这样做其实是有很多不冷静的因素在内的，这就从侧面反映出了有些大学生内心的不成熟、无个性。因为事实证明，很多转换了专业的学生，最终会为了换过专业之后的种种不适后悔不已。

方炎考大学时选择的是英语专业，这是他的一种专长，因为他的英语成绩一直都不错，老师也推荐他往这方面发展。可是他进入大一之后，看到自己身边的很多同学因为就业形势而转去了热门专业，这让他感觉自己的专业出身有些前途无望，于是开始对自己的专业产生了抵触心理。老师曾经找他谈过话，让他正面认识自己的专业特长，但效果都不理想，后来他甚至连英语书都不想看。

到了大一的下半学期，根据学校的规定，他可以有一次转换专业的机会。方炎立刻就抓住了这个机会，将英语专业改为了环境工程专业。因为他听别人说这个专业的就业机会更多一些，而且课业上完全没有英语专业那么重。经过了半学期的考核，大二上学期，方炎成功地从英语专业转去了环境工程专业。但是方炎还没有高兴几天，便为自己的冲动感到有些后悔了。首先，因为新专业是从大二开始的，那就意味着大一的功课他是缺失的，所以为了补上这些课，方炎夜以继日地看书，让他感觉自己又回到了高考时代。其次，新专业的改变又带来更多的问题，让他应接不暇的同时总如坠云雾之中。这时他想到了自己驾轻就熟的英语专业，可是再想回去已经不可能了。每当身边再有人要转换专业时，方炎都会深有体会地劝一句："还是想清楚再转吧，我就因为没了解清楚自己现在的专业是什么情况而急急地转了过来，现在肠子都悔青了。"

　　作为大学生，我们已经是有成熟心智的成年人，我们应该可以看到一个专业对于自己来说意味着什么，而不能人云亦云，更不能随波逐流。专业对于我们更多的是一种自我认可的机会，而为了就业选择专业的做法顶多算是一次博弈，不知道哪次你就会输得血本无归。专业人士这样说：专业与就业是不成正比的，没有扎实的知识功底与实力，专业再热门你也可能找不到符合自己心理标准的职业，而专业不热门却学有所成，那也是为发展提供了一次强而有力的机会。确实如此，谁又敢说在未来的四年之后，某项工作对你绝对是死路一条，而某个专业又百分百让你就业？所以，在转专业之前不如先冷静地想想，多比较几个方面，来看一下新专业对自己有什么优势。

　　对于专业选择来说，兴趣比起就业率要实用得多。当我们对某个事物产生兴趣的时候，会从内心深处来接受它。机会是留给有准备的人的，你坚实的兴趣专业很有可能就是未来让你扬眉吐气的优势。另外，如果兴趣不能对口，那选择自己的特长也未尝不可，至少特长会让你轻松地对待这个专业，没有压力的时候你才能有更多的时间与心思去为了提升它而去全心全意地攻克难关。不管怎么说，学习任何专业，在将来都会有施展才华的舞台。当你不知道哪个专业才是最终让你成为成功者的时候，就努力地、扎实地学好已选的专业。只要你真的从这个专业中用心了，学到知识了，将来它就有学以致用的一天。这比起所有的学子都蜂拥在热门专业面前你争我抢强多了。爱因斯坦说："要是没有独立思考和独立判断的有创造能力的人，社会的向上发展就不可想象，正像没有供给养料的社会土壤，人的个性发展也是不可想象的一样。"已经进入大学的各位同学，我们在专业面前更多的是应该循着自己的个性去发展，而不是盲目地追求什么热门与否。就业虽然可以凭热门，可工作最终却只凭实力。

试着多旁听别的学科的课程

2008年，网上一段关于复旦大学"朗诵男"的视频一夜之间爆红，甚至在各知名社区、高校BBS（论坛）中还有多篇对其做介绍的文章出现，让复旦大学的师生都产生了一窥其真相的心理。可事实上这个所谓的"朗诵男"并没有什么特别的来历，他不过是一名旁听生，原本是北京某大学的学生，因为感觉对自己所学的专业失望，于是开始过起了旁听的生活。这引发了很多的社会思考，作为大学生的你又会选择旁听其他专业课程吗？

其实这完全是一种自发的行为。历史上有太多的名人曾经选择旁听，比如伟大的领袖毛泽东、无产阶级革命家瞿秋白、女性作家丁玲等。他们当年都因为各种原因而选择旁听，而如今也成了大家眼里的杰出人物。可见旁听是有好处的。可能会有很多同学反对这种看法，认为这只不过是一种片面性，如今竞争那么激烈，旁听得再好也不可能拿到毕业证书，为什么要选择旁听而不专注于自己的专业呢？这样说也不是完全没有道理，毕竟今时不同于往日，学好自己的专业才是重中之重。但同学们想过吗？之所以叫旁听就是因为你还有专业身份所在，旁听也不仅仅等同于一个毕业证书的结果。我们提倡旁听要的就是博采众长，要的就是多汲取知识。在大学这样一个自主学习的环境里，我们如果没有这种学习的态度，很可能就会成为知识面太过狭窄的人，这对于我们日后的就业、生活都可能产生局限性。

说个大家都喜欢的人物——湖南卫视的当红主持谢娜的故事，这样一个古灵精怪的女子也曾做过旁听生。1996年的时候，谢娜陪着自己的姐姐报考四川师范大学影视学院表演系。可是谢娜向来不按常理出牌的个性却让她在陪考的时候突然对表演产生兴趣，于是当时就要求也参加考试。可是她普通话不标准，舞蹈不专业，表演、台词更是一团糟，还有，她唱个歌都是跑调的，这对表演系的学生来说实在差得太远。院长认为她不合适，但谢娜除了多变还很坚持，于是院长允许她旁听，并表示如果第二年还考不好就不收她了。谢娜什么都没说，开心地做起了旁听生，她在那里光是纠正普通话就用去了很多的时间，吃的苦比别人都多。只是可惜她的基础太差，最终与表演系失之交臂。可是她后来做了主持人，现场即兴的说、念、唱、打样样使得出来，这位"坡姐"自己都承认，多亏了那段做旁听生的过往，不然就没有自己今天这样放得开的主持风格了。

这绝对是旁听的一种好处，它让我们听到了自己专业之外的声音，看到了自己专业之外的知识点，从而让我们有了去弥补缺憾的机会。这种补充可能暂时用不到，它对自己的工作也毫无用处，可谁又会知道在未来的某个时刻它就成了让你闪光发亮的可能呢？长这么大，我们已经有些懂得，人生有多少意外就有多少奇迹，巧合有时候其实就是一种有准备的积累。当我们真的因为当时并不期望的努力而发挥了作用的时候，是不是可以欣慰地笑着面对呢？

对于我们来说，旁听更多的时候应该是一种对自己知识的累积，我们完全没必要把它看成是有用途才不得已而为之的过程。在学习上太过于功利，可能最终被算计的只能是自己。现在很多大学都流行旁听，而且教授们也不吝啬自己的知识被更多人分享，只要你尊重老师，遵守课堂秩序，就完全可以凭着自己的兴趣去旁听一门想学却一直没有机会，想了解却一直没有途径的课程，它会让你找到实现梦想的快乐感。同时，旁听就是一种非常纯粹的学习方式，不用必修也不用选修，更不用考虑学分，只要你喜欢，就坐在课堂的教室后面，安安静静地听一场自己所没有经历过的课。这相当于古时候好学人士的游学，它让你增加阅历，增长知识，让你在不同的知识领域获取不同的信息与观念。

对于旁听，北京大学的先贤蔡元培就非常提倡，他一直主张"无人不当学，而亦无时不当学"的观点，他认为一个学生应该"思想自由、兼收并蓄"。虽然说现在我们的学业已经很重，自己的时间已经安排得满满的，但我们如果可以好好地利用起这点儿时间，去旁听一门让我们感兴趣的课程，岂不是一次人生与内心的双惠？在专业人士的眼里，旁听是很有意义的事，旁听可以让学生原本僵化的学习心理得到缓解，而且因为体验了新的学习方法甚至是授课方式，对学生来说整个的知识结构都有了不同。所以,当我们有机会、有条件去旁听专业之外的课程时,就不要舍不得自己那点所谓的个人时间,现在付出多少,相信未来它会加倍地还给你。

"辅修"和"双学士"是可以考虑的

走进大学之后,很多学生忽然发现了这种学习方式与从前的不同,它不再是呆板地按照老师的授课进度学习,更多的时候可以有目的、有兴趣地去辅修,去博取双学位,从多方面让自己的知识得到加强与拓展。原来,我们可以从多角度去对待学习这件事。这无疑对于学生是一次多向选择的机会。只是我们的时间有限,能力也有限,要不要辅修,要不要拿取一个双学位的证书就成了让人纠结的事情。

杨高乐是沿海城市某大学的一名传播系大三学生,他在上大二的时候辅修了金融专业的课程,而且现在已经修够了学分,辅修证可以拿到了,如果大四继续修下去的话,就可以拿到学位证。但让人没有想到的是,他却在这个时候想要放弃了。当他说起想要放弃的理由时,不免让人有点瞠目结舌:"我当初就是抱着想要学一点东西的目的报了辅修,而且我对数学的兴趣一直都有,金融又是现在比较热门的行业,选了金融之后,我每周都要用五个晚上的时间去学习,这让我感觉没有自己支配的时间，一年多时间学下来，人简直要疯了，我坚持不下去了。"而有着杨高乐这种想法的同学并不在少数，某高校大二时接受两百多人的辅修报名，可是到了大三的下学期就只剩下一百人了，估计到大四一忙，还会有一部分人退出。

这就是现在大学生的烦恼，辅修要不要选，双学位要不要拿，似乎怎么衡量都感觉不够具体。其实，你可以听大四的师兄师姐们说说，在大学生招聘会上，那些公司分明对有第二学位的学生更加欢迎，而且在就业的时候，双学位是享受硕士待遇的。这就是现实。就算没有这些现实性的好处，那大学四年的时间我们就真的想要全都荒废掉吗？太多走出学校的人都会这样说："当年光玩了，根本就没好好学点儿东西，现在后悔了。"多学一点儿知识总是好的，这么简单的道理不用谁说我们自己也应该能懂，因为这就意味着将来多了一个选择的方向，它不至于让我们守着专业吊死在上面。从事高校教育工作的老师就认为，辅修、双学位这都对学生有着绝对的益处，因为学生接触到了不同的专业，在后来的工作中会对很多事情能保持一种正确的客观把握，而且大学本来就是学生用来构建知识体系的时代，而辅修则可以将学生了解不多、认知不深的知识向更深更广的方面发展与推动，从而让他们成为社会需要的复合型人才。

肖刚作为获得双学位并成功就业的毕业生，一直这样认为：如果有时间有精力，就一定要进行辅修。因为当初他在找工作的时候，在同去面试的众多应聘者中，面试者就是因为他的双学位而对他赞赏有加，而且直接当着他的面将排在前面的研究生给拒绝了。每每说起这件事，肖刚都抑制不住脸上的自豪，他说："这是面试者对我双学位的认可，这更说明了我比别人吃苦耐劳，甚至是比研究生都要优秀，这种感受给我带来了无比的自信。"

由此，我们可以看出来，辅修、双学位这种事都是值得我们认真对待的，如果你不想白白浪费掉这四年的大学时光，完全可以拿出勇气对自己的专业做一个"锦上添花"的辅修选择。只不过，在选择辅修的时候，我们要更加谨慎地认识自己所选辅修的目的性，毕竟三年的时间说长不长说短也不短，如果没有实际效用，又没有耐力坚持，那选不选就没有必要讨论了。某高校的校长就说："辅修不是一次说选就选说丢就丢的过程，它将直接体现你为人处事的个性与能力，而且辅修绝对是给那些在学习自己的专业上游刃有余的同学准备的，如果你为了辅修而放弃了自己的专业，那也就失去了辅修的意义。"

所以，同学们可以根据自己的实力来认真看待辅修的事情。如果实在感觉不知所措，不如从这几个方面着手进行思考：首先，这是不是你的兴趣所在。很多人为了就业学了热门的专业，可是又总感觉丢了兴趣心有不甘，那就可以用辅修来做弥补了。其次，从就业的角度来看，如果感觉自己的专业与就业并不对口，那不如选择辅修，这至少会让你从另外一个领域找到适合自己的位置。不过有些学校的辅修证是不受国家认可的，这也要作为一个考虑的因素放在里面，看你自己对这种结果的接受与认知程度，再对辅修下定论。另外，双学位还将直接关系着你日后的出国、继续深造等问题，不是说没有双学位不能出国，但有了双学位肯定不一样。这方方面面都要加入到考虑范围之内，进行综合性衡量。不管辅修还是最终的双学位，都意味着你要付出比只学专业课的学生更多的精力与时间。如果你没有这份恒心，吃不了苦，受不了罪，那也就没有选择的必要性了。当然，在未来的社会中，你也可能因此而自尝苦果。

要向优秀学生学习，励志成为"BOB"

经过了高考前没日没夜的复习与冲刺之后，大学更多的时候在我们眼里是一处休养生息的地方。于是便有了"大学是自由的天堂"这种说法，高调耍酷，积极玩乐，尽情恋爱……似乎每一样事情，都比学习有吸引力。于是时间如同白驹过隙，我们则如沐春风，不知不觉面临毕业，蓦然回首，四年大学生活就这样成了泡影。这真的是我们想要的吗？这样的大学真是正确的吗？曾经有一位大四的学生做过一首打油诗，其中的感慨倒值得每个人分享与思考："老师台上讲得忙，学生台下闹得慌；交头接耳乱吵吵，卿卿我我也不少。四年一过鸟兽散，才觉蹉跎却已晚。劝君今朝多读书，莫学吾等无出路。"

每一个入学的新生，几乎都有着惊人的相似之处，他们总是这样想：先熟悉环境与人物，然后接受现状看方向，最后再开始励志攻读。但事实却是，大一、大二不努力，大三、大四来不及。不要将大一当成熟悉的过程，定位、目标、结果都需要我们尽早来做决定。如果工作也用一年来熟悉的话，你最终的可能是被清退回家。大学一开始，就像我们为自己选择一种新生活新定义一般，刻不容缓，想要在大三、大四来临时转变与发奋是不现实的。自古就有"马行软地易失蹄，人贪安逸易失志"的说法，我们不及时积极地为自己树立良好的向上形象，就会最终毁在寻找新形象的路上。与其最后感慨不如坐在新的教室，面对新的同学及时做出全新的定位："我成了一名真正的大学生，我来这里学习专业知识，锻炼自我能力，发展自身素质，我要在这里成为'BOB'（英文 Best of Best 的缩写，意为最好中的最好）。"

1972 的时候，新加坡的旅游局因为自己国家的资源匮乏而无计可施，于是他们向当时的总理李光耀打了份报告来诉苦："中国有长城，有兵马俑；埃及有金字塔，日本有富士山，我们新加坡有什么呢？除了一年四季明晃晃的太阳，完全没有可供人观赏的胜迹，这让我们怎么发展旅游事业？"没想到，旅游局很快就接到了李光耀的批复："我们有阳光就足够了，你们还想要多少才够呢？"旅游局的人看了这个批复不得而解，经过冥思苦想之后突然醒悟：总理的意思是阳光就是我们国家发展旅游的优势！于是新加坡开始利用阳光的优势打造一年四季都可自然绽放的鲜花胜地来吸引世界人的眼光，阳光让这个国家充满了温暖与浪漫，很快它们就以"花园国家"的名气成为亚洲排名第三的旅游胜地。

这个故事可以告诉我们每一个大学的新生，想要成为最好的那个就得有发现自己优势的眼光。我们不要害怕自己没有能力，我们的努力与向上就是最好的资本，我们的虚心好学就是跻身最优行列的阳光。如果我们只一味地想要与所有人一样走一条从陌生到熟悉再到离开的大学之路，那这明艳的阳光便没什么作用了。抱有这种心态的我们也不可能成为最好的那个。哈尔滨大学生创业网的负责人吕光就说过这样一句话："我的大学时光没有虚度，因为早有了目标。我不是富二代，没有伞的孩子就要拼命奔跑。"这就是对自身潜力的一种挖掘，看到自己最积极的一面，就有可能成为最好的那个。也只有立定了目标的人生，才会有前进的方向。

有一些大学生听过这样的话：必修课选逃，选修课必逃。你是不是在说很多课程完全没有用，所以不想学？如果真的是这样，那你们就没有必要到大学进行深造了，因为以就业为目的的职业学校完全可以摆脱这些"不必要"的课程。这样说是不是有些残酷？可是现实就是这样。这也是为什么有人能获得成功，而有人却只能平庸一辈子。我们一定要有自我认知的心态，大学为我们准备的是一道综合大餐：知识、修养、能力、内涵，甚至更多。它与职业学校相比课程更烦琐，甚至很多课程在现实中毫无实用性，可是它所教我们的马克思主义哲学、政治经济学等内容都将注定让我们用不同的眼光与心理来面对世界。所以进入大学最好的心态是认真接受课程的安排，向比自己优秀的同学学习，努力成为这群天之骄子中的"BOB"！

当我们告诉自己要成为"BOB"时，我们就会意识到努力的必要性，就会明白大学不是保险箱，我们可以来到这里学习，只是因为智力上的成熟结果，但想要让这智力为最终的成才效力就得下定决心，积极进取。我们要学会向比自己优秀的同学看齐，并虚心讨教。孔子说："三人行，必有我师焉。"大学里那些比我们早进校的学长们，身上已经具备了我们新生所没有的亮点，而同为新生的优等生们，他们将为我们呈现榜样的力量。所谓取长补短，这就是一种学习的方法。我们要坚决远离睡大觉、比名牌、功课不及格、理论一大串的同学,这样的榜样只会让我们从负面看待学习本身。人就是这样一个有趣的个体,当将你放在优秀环境之中,你会循着这种优秀发掘自己,而如果将你放在拙劣环境之中,你很快有可能身染恶习。所以一定要相信榜样的力量,哪怕你并不需要向他们求教,但要从他们的身上找到优点,然后将这种优秀变为自己身上的闪光点。这才会最终让你成为一个优秀的人,最终让你踩着大家的优点,一步一步走向最好。

有机会一定要竞选学生干部

随着年龄的增长,同学们似乎已经不会再为了做班级的干部而争先恐后了,特别是到了大学,大家更将做班干部这种追求当作不成熟、幼稚的表现。因为大家都在为了自己的目标而努力,有发奋要考研的,有努力寻求好出路的,哪怕是寻找自我爱好,都需要大把的时间去搞定。就这样,在时间、精力有限的情况下,班干部这种费时费力又并不见得讨好的事就成了鸡肋,同学们纷纷敬而远之。但事实真的是这样吗?恐怕我们还要从多角度多方面来看待这件事。

林森是大二的学生,目前担任着自己班里的班长一职,平时的时间确实感觉有些不够用,但是他却将这个班长做得有滋有味。每次班里的活动，他都可以非常好地组织并完成。在老师眼里，林森是个好学生；在同学眼里，林森是个好班长。这让林森感觉前所未有的自信。可是在这之前，大一时的他还只是个"学霸"型的书痴，恨不得两耳不闻天下事，一心只有读书高。后来进入大二，他很偶然地被选为学习委员，没想到这个并不做多少具体事情的班干部职位，让林森感觉到了很多力不从心的地方。

有一次，他在与老师反映同学们学习情况的时候说，文艺委员的学习心态不对，甚至还逃课。没想到全班的同学对此都非常不满，林森很不理解，自己不过是实话实说，大家为什么这样针对自己。后来他从老师那里听说，文艺委员为了准备学校校庆的活动而付出了大量的时间与精力，一时的时间不够而逃课也是有可能的。老师还对林森说："你作为学习委员，应该在这种时候多帮一下同学才对。"这件事让林森感触颇深，他看到了自己处事不周全的地方，于是他开始改变自己。很快，林森的行为得到了大家的认可，他自己也感觉到了自身的变化，在考虑事情的时候明显比从前要全面得多，而且也从最初的被动式工作慢慢转向了主动性负责。后来他又竞选做了班长，他说："我之前做什么事情总用理所当然去判断，而现在就不一样，是从每个人不同的心理感受去想。而且我越来越意识到职责的主次非常重要，什么是主要的，什么是次要的，这非常关键。另外做班干部给了我一个与同学们、与老师之间更好的沟通渠道，让我增强交际能力，我相信这些在以后的工作中都非常有用。"

确实，作为大学的班干部早已经不同于小学、中学时的单纯，它更多的是对能力的全面要求。这必定会占据到学习的时间，甚至要牺牲掉一些自己的爱好。可是它却真的非常锻炼我们与人打交道、参与社会实践的能力。做班干部对自己内在提升的好处有很多，那就是：它可以让我们口头表达的能力得到加强，会在与人沟通上懂得措辞与技巧；它能给我们单调的学生生活提供更充实的内容。这一切都是对自己的综合素质的提高，也许我们毕业之后并不一定要做什么领导，可是我们却不用因为带着学生的青涩以及无法与人正常交流而苦恼了。从实际的功利方面来说，学生干部也有一定的好处，比如学校的某些资源（入党、奖学金等都是要从多方面进行来考量的）会比普通学生占取的多一些。而且当我们毕业之时，简历上可以不再是一片空白，这会给用人单位留下深刻的印象，从而获取比别人更多被录取的砝码。

所以，付出一些时间与精力去打造自己四年的个人形象与提升自我是非常值得的事。而且我们做学生干部是为了比别人更早地开始接触人际交往，这是我们为自己走上社会可以驾轻就熟地处事提供机会与阅历，有什么不好呢？

不过，想做学生干部可不是那么简单的事，有时你想做也不一定能做上，它是一个用实力说话的职位，这也又一次让我们看到了社会已经从大学时代开始了的证明。想要成功地就职学生干部，必须要从大一开始就有一定的意识与准备。比如了解自己的同学们，与大家融洽地相处，绝对不能吝啬自己的精力，对于班级的活动能帮的都要帮一把，能积极的都要积极对待一下，让大家可以看到你的存在与活力，这非常重要。同时，现在的大学生干部更多的是以公开竞选来进行，那么一篇有着语言魅力，又带着激情活力的竞选发言稿就必不可少了。想要让同学们心甘情愿地去给你投票，那就得有让人家折服的地方，如果你一无是处，又凭什么让人家买你的账呢？从现在开始，从大一的新鲜中出发，与自己身边的同学尽情交流与沟通吧。必要的时候，可以去找自己的学长们取取经，了解一下学校的历史与渊源，这都很有必要。当大家都开始接纳你，当大家都对你表示出认可，那么恭喜你，你已经走在了竞选班干部的路上了，剩下的就只有再接再厉，毕竟实力才是一切事物的通行证！

主动请缨，多参加教授的科研工作

如今是知识爆炸的时代，所有的大学生都知道只有大量地汲取知识，才能在未来走得更好、更稳、更成功。可是让人遗憾的却是，有很多大学生因为想要努力学习而错过了真正学习的机会。

小孙曾经在自己的班里算得上化学达人，他的导师当时希望他可以参加自己的课题研究，甚至直接找他谈过话。但小孙却认为这种帮老师做科研的活儿最是费力不讨好，不如省出时间来多做点儿其他的事，所以他以要参加竞赛的理由拒绝了。这对小孙看似没有什么影响，可是在后来的一次面试中，他却深刻地意识到了自己当初决定的错误。那是他毕业的初期，他去本市一家有名的科研单位面试。当时与他一起竞争岗位的还有一个远不如他的毕业学校有名气的男生，可是公司面试领导却在看了那个人的简历之后，约谈了很长一段时间，并很快就签下了录用那名男生的劳动合同。后来，小孙经过用心打听，才得知真相：原来那个男生曾在学校参加过老师的课题研究，而且表现非常出色。"他是个很有想法、肯吃苦耐劳的人。"面试者这样说。

虽然说小孙的事例并不普遍，但我们却可以看到这样一个事实：帮助老师做课题研究的益处就是优先被用人单位认可。而且这种益处并不仅仅体现在就业这一方面，因为我们所获得的最深层的益处是对自己个人综合素质的提高。我们都知道一个词，那就是"创新"，如今虽然知识爆炸，却更崇尚知识创新，如果在同样的知识面前没有自己的想法，那我们可能就失去了强于他人的优势。

2005年的时候，我们国家著名的科学家钱学森病重，当时的温家宝总理前去探望，钱学森对温总理意味深长地说："现在中国没有完全发展起来，一个重要的原因就是没有一所大学能够按照培养科学技术发明创新人才的模式去办学，没有自己独特的创新的东西，老是'冒'不出杰出的人才。"

创新意味着国家的发展，民族的振兴，当然更关系到自我的提高与能力的培养。作为大学生，我们肩负的就是为国家伟大复兴而努力的责任，我们如果没有创新求知的向往，那未来又怎么可能发展与向前？而创新对我们来说，最开始的时候就是学习过程中的实践与求索。

我们为老师的科研出力，就非常直接地得到了老师的指导与传授，而我们将那些在课堂上被动接收来的知识也真正地以求索与研究的方式返还到科研中去。这是一个发现问题、体会问题并最终分析、解决问题的过程。它对我们的整体知识把握与运用以及创新能力的激发，是其他方法所不能取代的。我们都很清楚，一门专业的大学课程难度非常高，而且它抽象的部分多，让人很难理解。如果我们有机会将知识运用到科研中去，就参与了一次现实的实践活动，不仅仅让我们更加深入地了解这门专业知识，也将知识的很多点进行了综合与利用，这就超出了单纯的理解范畴，上升到了运用的理念中去了。

而参加老师的课题研究，比起自己单独的研究又更加有突破性。因为老师的知识在这里可以以实践的方式悉数对你进行传授，比起在课堂上一节一节地教与学要生动、灵活得多。这样的学习过程可以让我们更加充分地理解知识本身，并生出勇于突破的思想。老师这个时候循序渐进地指导我们去查阅参考书，做市场的、社会的调查，以及公开地与我们讨论解决问题的方法，这一切对于还是学生的我们来说都是一种提高，让我们在工作、社交、表达、组织等方面都会受到前所未有的锻炼，使我们以更正确的心态来面对科研、认识创新。

所以，如果你有这样的机会，你又有这样的能力，完全可以积极地去与自己的导师沟通，要求自己加入到导师的科研队伍中去，努力地与一个集体或者说一个小组形成一种相互的合作关系，哪怕没有新的发现，没有让我们完成想要超越的创新，也启发了我们寻求创新的思想。可以说参与科研的过程就是一次创新性学习的过程，不单单培养了我们科研的能力，更是对知识的综合运用。相信这会让我们的就业前景高于自己独自奋斗的结果，从而帮助我们更快、更好的成为真正的复合型人才。

多听各种不同的讲座

到了大学，我们突然发现，大学生活与高中时的生活完全不同了，不但接触到的人来自五湖四海，生活也变得丰富多彩。我们平时可以听到不少来自名人的讲座，这无疑大大丰富了我们的课余生活。可是有没有哪位同学真正地认识到讲座的魅力呢？曾有高校进行过一场跨校听讲座的意愿调查，3所高校600名学生中有58%的同学坦言不喜欢听讲座，有一小部分人表示如果是名人可以考虑。可是更多人却说："复习功课都来不及，没有时间去听校园讲座。"讲座在大学校园遇冷，而且学生又以讲座无益于学习的心态来面对，这让人感觉惋惜的同时也深感愕然，因为我们作为大学生，还没有意识到讲座原来是一次积累知识、提升自我素质的过程。

孔子说："知之者不如好之者，好之者不如乐之者。"其实听讲座就是一次乐之的过程，它不但让你从知识上得到丰富，更让你在思想上获取提升。一种没有被开发的思维，永远限制在固定而局限的空间，当外来的声音将这片领域打开，它在思想上就得到了提高。至少听不同的讲座会给你不同的感受，让你从另外的角度与层面去发现、思考问题的本质。而且随着听的讲座越来越多，我们就会发现一个事实，任何一个学科都不是独立存在的，它与其他学科之间有着我们所未知的内在联系。此时我们自己便对着大脑提出了主动学习的要求，善于发现问题的聪明的学生定会从中受到启发。

同时，讲座不是听过就算的事情，当我们听完一位老师的讲座之后，应该及时地对它进行一次梳理与总结，这是对讲座内容进行的思考和认知，更是对自己接受与认可的感受整理。这让我们非常积极地开动脑筋，有效地建构我们自己的知识体系。如此积累下来之后，我们会发现不同的讲座让我们看到了不同的知识点，并为我们提供了不同的学习过程。这难道不比你对着教室发呆，与同学在大街上乱兜乱转有用吗？开卷有益于学习知识，而听讲座则更有益于思考，它让我们的思维拥有不同的跳跃。

有人说听专家说话久了，自己就成了专家。这话有一定的道理，因为环境让一个人改变，你要朝着哪个方向走，那就要在哪个环境里发展。所有的讲座都有一个共同点，那就是严格的措辞及有序的过程。讲座的老师对于自己讲出来的内容都有着一定的组合与整理，它们往往具有一定深度又极具美感。这样的讲座听多了，对我们也是一场词汇运用与综合的锻炼。如果我们可以在讲座中学来无懈可击的语言能力，能在讲座中学来慷慨有力、滔滔不绝的会话逻辑，那我们对于面试时的咄咄逼人还会心有余悸吗？

我们都知道牛顿在被苹果砸中的时候第一个提出了"为什么"的疑问，所以他最终成了被我们学习并努力超越的伟人。可是牛顿是第一个被苹果砸中的人吗？当然不是，只是没有人像牛顿一样拥有超出他人常规思维的能力而已。而牛顿的超常思维正是他善于对问题进行深入思考的来源。我们如果经常听讲座，经常接触不同的事物，那我们的思维就会得到这样不同于常规的训练，最终可能我们会成为下一个牛顿。

有专家就说："听讲座不是刻意地去记多少原话与内容，而是从讲座中学习方法、思考重点，以及体会该讲座对我们自己的触动与感悟。这就是说我们对讲座所抱有的态度不应该是一味的实用主义，而是将讲座看成对我们学术教育与思维启发的过程。这样来面对一场讲座的时候，我们就会从中受益良多，而未来也必将因为所积累的这些素质及思想，从容、坦然地面对"风云乍起"的就业考验。

了解各种能发挥自己优势的学生竞赛

时下，大学生们总是对着各种竞赛进行追逐，因为这些竞赛不但会让我们在校园得到认可，更会在日后的就业中为自己的成绩加分。于是，竞赛热一时在校园蔚然成风，学生们每天忙着各种竞赛，一场又一场的准备不知让大家费去多少精力与时间。

诚然，参加学生竞赛有很多好处，竞赛本身对于学生就是一次知识最终展示的成果，它不但有着极强的竞争氛围，还让同学们很直接地面对现实，最大限度地挖掘出了学生的潜能与拼搏精神。要准备一场竞赛往往是需要很长时间的，这期间同学们就必须拿出大量的时间来学习，来完善，有的还要去进行实践。这种学习与实践同时进行的过程对学生的已有知识是一次沉淀与积累，更是一次运用与展示。为了准备竞赛，大家拿出了主动学习的态度，并完全地投入，这种吃苦耐劳与求真务实是很多教育方法所达不到的。

另外，不同的竞赛又有着不同的要求，有个人的、小组式的、纯学术性的，还有创新科技的，这种种不同形式的竞赛都是一次次前所未有的经历。大家会为此奋发向上，会学习团结其他成员，精诚合作，会从各方面累积知识，更会开拓自我创新意识。这些过程就是对大学生们达到的综合素质提高与否的检验，竞赛让我们更早地意识到了它的重要，并很认真很自觉地进行了锻炼，从而朝着综合性的人才方向前进了。

而且，竞赛最现实的好处就是它将会成为奖学金、保送读研究生等重大事情的加分优势，可以说有些竞赛的含金量很高。比如得一个全国大学生数学竞赛的决赛一等奖就很有可能会直接保送读研究生。这样赤裸裸的诱惑，也难怪同学们为了竞赛而不遗余力了。

不过，竞赛虽然好处多，但盲目参加竞赛就不可取了。我们有必要去了解每一种竞赛，至少要知道自己在这项竞赛中有什么优势，如此我们才能游刃有余地面对比拼，并在竞赛的最终结果中脱颖而出。毕竟，我们参加竞赛都希望能获得一个好成绩，或者是因为这项竞赛是自己感兴趣的，那为什么不在竞赛准备开始之前对它进行一个系统的思考呢？比如在这种比赛中我们有多少时间可以做准备，我们的基础是不是打得很牢固，我们对于这项比赛的把握是多少……将自己的优势写在纸上，用排除法逐条去验证一下。如果我们对此没有太多的把握，不如换个方向，或者改在下次，何必为了没有结果的事情去费时费力而耽误了应该学的知识呢？

　　总的来讲，竞赛也需要一个正确又理智的态度。我们不能害怕竞赛的残酷性，也不应该随着大流而向竞赛前进，我们要看的是这项竞赛对我们有什么意义，我们对它的把握又是多少。从自身出发，不盲从，不追随，这才是我们对于竞赛的正确认识与求取方向。

第二章 拥抱『中国梦』，一定要明确自己的目标

有理想，为自己画一张未来的蓝图

作为一个大学生，在经历了四年的大学生活之后，我们应该为自己留下一笔人生的财富。这笔财富可以是一种生活方式，也可以是一种能力，还可以是一种精神的认知。而这笔财富便是未来引领着我们前进的路，它常常被人们称为理想。江泽民同志曾经指出，当代大学生"树立什么样的理想，学到什么样的知识，具有什么样的能力，对祖国和民族的未来关系重大"。说得远大一些，未来的世界就是我们的天下，没有一定的能力将无法面对世界的变化。而说得通俗一些，我们将来要过什么样的生活，都在于我们自己期望着什么梦想可以达成。所以我们现在要做的应该是为自己的未来画张蓝图，如此我们才有努力的方向。

有些人习惯说："时间还多得很，不急于这一刻。"但如果你真的聪明，就会知道这种明日复明日的推诿其实是在欺骗自己，因为人生真的没有多少明日。曾经有人说：人生的状态是七年一变的。那么在十八岁到二十五岁的这七年时间，刚好就是我们汲取知识、填充生命的七年，其他都可以变，唯有这一段最有主宰性，未来变得好不好，多取决于此。由此可见，我们为自己的人生走向画一张蓝图非常有必要，理想是容易迷路的小孩，你不给它路线上的定位，它怎么可能最终走到你期望的位置？

不同的人对待生活有不同的态度，如果你将未来看成是一切注定无法改变的，那你可能永远无法感受到它的美好，而如果你有步骤有期待地去按照心里细致描绘的理想奋进，那明天就会是真正的成功。普鲁斯特曾经说过这样一句话："很多人都是家财万贯地来到这个世界上，却空手而回。"我们大学生因为年轻，总感觉时间无限，所有事情都可以过几年再说。可是真的等到毕业了，等到工作了，才发现自己的人生根本不是按照自己想象的样子来过的。这时再抱怨，再惆怅，还有什么能力让时光回到过去呢？

一个成功的人生是有理想托举的人生，它会因为我们一路的执着与坚持而最终走向自己期待的场景。如果我们正茫然于自己生活的无序，现在就开始动手给未来画一幅理想的蓝图吧。未来的自己是什么样子，过着什么样的生活，如何看待自己走过的这些年的时间……蓝图会教我们从观念上认清现实，让我们为了梦想而奋斗，让我们积极又健康地度过大学时代。

将理想细化，制订学期计划

在大学，我们听得最多的一个词叫"规划"。从大一开始，我们就要有规划地面对专业的学习，就要有规划地选择科目，到毕业，我们还要有规划地进行择业与发展。可以说一个理想的实现，完全离不开规划的推进。这就直接告诉我们一个道理：想要成就一件事情，就得有规划，哪些事先行、哪些事重点实施都要提前弄清楚，不然就变成了事无巨细，琐事缠身了。当然，理想有时是需要较长时间来实现的，可能不是所有人都会想到每一步的必然性，那来细化一下自己的理想过程就很重要了，比如制订一个学期计划。从一个学期到下一个学期，这样步步为营，无疑是最好的实现理想的方法。

我们大学四年，共有八个学期，我们想要在这四年里达成什么样的理想，那就得将理想这个总的规划分在八个学期里进行一次有步骤的循序渐进的分解。我们都很明白压力是动力的前身，没有压力的推动就没有理想的实现，但如果压力太大也可能就把人直接压倒了，更有人因为一直看不到希望，最终在压力中放弃了奋斗。这都是过犹不及的结果，而将这些压力细致地分到每个学期里去，在不同的学期达成不同的结果，那就有挑战有动力得多了。应该说这是一种学习的方法，细化后的理想更加明确，让我们走得更加稳重、成熟。

我们首先要知道在这八个学期里不能忽略的一些事，这些都影响着自我计划的实施，要将它们一一放进计划之内，让每个学期都有所侧重。一般来说，在大一的时候是我们比较茫然的时候，因为它更多地存在一些不确定性，如此我们便试探着来对待一些事情，在上学期时先去了解学校，适应大学生活，多与同学交往。古人凡事讲究天时、地利、人和，这些在如今一样不可或缺，特别是当我们进入大学这样的新环境，就更加强调地利与人和了。到了下学期，这一切都成为一种习惯，于是我们就可以与同学尽情交流，与自己的学长们切磋学业问题、活动任务以及有关学习的资料收集。好的人脉可以让这些事水到渠成。不知不觉，我们便成功地在大学完成了过渡，对大学生活驾轻就熟了。

大二应该是一个定向的时期。我们可以通过学校的活动、社团的任务来锻炼自己的能力，检验自己的知识与技能。学习也让我们看到了它的必要性，于是我们更加安心地对功课进行钻研。到了下学期的时候，有的人已经开始考虑未来与就业，于是我们完全可以去参加社会的实践活动，比如兼职一类的。这是一个需要坚持的过程，我们通过这种机会去从多方面对社会进行了解。而且经过职业的考验，我们发现了自己知识点的薄弱之处，如此才开始主动地向着自己不足的方面努力，计算机加强学习，英语提高，相关的证书被提上学习日程。这种充实的生活一直要持续到大三结束，虽然很忙碌，但却每努力一次都有收获，我们为此忙并快乐着。

大三被很多同学视为最后的冲刺阶段，是否考研继续深造基本可以成为定局，于是我们对着目标而冲击，希望可以尽善尽美，希望这种努力可以为我们的这一人生阶段画上圆满的句号。特别是下学期任务就更加明确，我们要撰写学术论文，要搜集公司信息，要与同学交流求职心得，要写一份完美的简历，或者你想出国留学，那有更多更细碎的事情要敲定。

踩着一步又一步的努力，我们进入了大四。这时成了定局的工作正在申请，留学的也正在办理手续。而我们也开始对自己的前三年做回顾，这是非常重要的事情，回顾可以让我们总结过去的经验与教训。接着我们要迎接一轮又一轮的面试，这是一个对人生是否积极是否坚强的检验时刻，几乎没有什么人会一次性找到理想的让大家完全认可的职业，所以我们一步一步地坚持着。等到大学毕业证书拿到手里的一刻，我们忽然发现，这四年居然走得如此充实又细致，我们的理想就这样慢慢接近实现的边缘。

当然，每个人都是不同的，你的学期安排是怎么样的都由你自己说了算。但大致要把握的这些内容总是要想好，要考虑周到，该做的应该在什么时间去做，该完成的应该在什么阶段完成。如此，一个学期才不会焦头烂额却碌碌无为，也不会因为一个小目标没有达成而影响了大理想的全局。理想只是人生的最终结点，而被细化的过程才是真正不可小觑的成功基石。我们努力绘制了理想的美好前景，就应该用细致的经纬来慢慢编织，有条不紊，规划明确，这才是理想最终可以达成的重点。

除了有目标，还要讲究实现目标的方法

每个人在生活中都有着自己的目标与追求，目标是一切行动的出发点，对于大学生来说就更具有规划人生的意义。可是一个完美的目标并不代表真正的胜利，因为没有良好的实施，它就等于一个空中楼阁，将永远成为海市蜃楼的模样，永远遥不可及。伟大的文学家托尔斯泰说："人要有生活的目标：一辈子的目标，一个阶段的目标，一年的目标，一个月的目标，一个星期的目标，一天的目标，一个小时的目标，一分钟的目标，还得为大目标牺牲小目标。"这就是说，确定目标很容易，它时时刻刻都在我们的生活里、视线中，可是要完成目标却很具体，一年、一个月、一天，我们都要有着为目标而奋斗的努力。所以想要达成目标，我们除了不可或缺的恒心外更要讲究为"大目标牺牲小目标"的方式方法。

在我们的身边总有很多这样的人，他们的心里早已经有了清晰可见的目标，但要达成这个目标需要走很长的路，做很多的事，于是他们畏惧了，或者说茫然了，感觉无从着手，这让他们犹豫不决，最终失去了成就目标的决心。其实这只是他们对自己的目标没有讲究实现的方法，一个大的目标总是由若干个小的目标累积而成，我们只要通过一个小目

标的实现去推动另一个小目标的前进就可以了。当小目标越来越多地被完成，那么大目标的实现也就为时不远了。

1968年的时候，罗伯·舒乐的目标是在加州建一座大教堂，这座教堂一定要宏大，有气势，并且要通体透明。于是他对当时非常著名的建筑设计师菲利普说："你要知道，我想建的这座教堂不应该是常规的教堂，它应该像伊甸园一样醒目耀眼。"菲利普告诉他："一座常规的教堂可能一百万元就够了，可是你说的教堂四百万元也不一定够。"舒乐却说："告诉你实话，我一分钱的启动资金也没有，所以预算是一百万还是四百万于我根本没区别。但是，我要的教堂本身就有着足够的吸引力，所以它能为自己带来赞助者。"

后来，教堂的设计稿出来了，预算也得出结论，需要七百万美元。这让舒乐大吃一惊，觉得有些超出想象。身边的人也说："这个目标是没有办法完成的，还是算了吧。"但舒乐却不想放弃，于是他想出了自己的办法。他将自己的想法写在纸上，给身边的人来讨论："七百万是我们要达到的目标，下面这些方法可以让我们的目标实现。"于是人们看到纸上这样写着几种方式：

（1）找一笔七百万的赞助；

（2）找七笔一百万的赞助；

（3）找十四笔五十万的赞助；

（4）找七百笔一万元的赞助；

（5）为教堂的一万扇窗户寻找署名权，每个署名七百美元。

舒乐只是将一个大的目标分成了若干个小目标，而水晶大教堂最终就这样建成了。事实是这个教堂的总耗资是两千万美元。我们从这里可以看到一个事实，七百万本来就是天方夜谭的目标，可它却最终因为化整为零而变成了两千万的结果。真正的小事件决定大结果，一个小目标的实现对于大目标的推动会是什么样的力量，不用说大家也可以想象出来了。

当我们的大目标遇到挫折的时候，我们是选择放弃还是改一种方式来重新推动呢？恐怕这才是大家应该学习的地方。心理学家说："当一个人得到小目标的成功鼓励的时候，他就会非常清醒地看到大目标的位置，于是这种行动的动机就自然地得到了加强，从而会自觉地去克服不时出现的困难，然后最终实现目标。"我们在学习中也是如此，要善于把握总目标的确定性，然后攻克小目标。当大家因为小目标的回馈而备受鼓舞的时候，也就向大目标靠近了一步，只要继续接受压力与挑战，大目标最终就会成为现实。

做任何事情都要给自己规定完成时限

不知是大学生活太过精彩还是时间真的太少，反正有很大一部分同学的论文是在临近毕业的时候赶出来的。想一想，写我们的毕业论文是一件多么神圣的事情。大学四年，我们学了那么多知识，经历了那么多事情，毕业论文就是对这一阶段经验的总结和回顾。最后我们却因为来不及写，只好粗制滥造地做拼接，真让人感觉心痛。

相对于写论文这样的大事，阅读就更是让人不忍直视。曾经有一项针对大学生阅读现状的调查。在100名大学生里，读学术书的人数不到10%，就算人文社会科学类也只有20%多。更多的学生表示会在网上阅读，但他们通常看的却是时尚杂志、文学读物甚至是娱乐新闻。有同学说抱着厚厚的专业学术图书，感觉会有压力而且时间真的不够。这是不是从另一个侧面说明我们已经徘徊在专业学习之外了呢？一个学生对于专业的书本无法产生爱，那也就只能说他自己还不够专业。但他自己却不想承认，总是习惯把时间当成借口来回避掉。于是最终该读的书没有读完，要写的论文也只是七拼八凑。

俗话说：从小事看内涵。这就是我们大学生生活的一种心理。我们对于这种需要时间又需要积累的事情不屑一顾，因为在我们的眼里还有长长的四年时光可以供我们使用。但很不幸，四年时间转眼便过去了，我们该读的书没有读，要写的东西连资料也没来得及搜集，最终能留给大学的回忆只是一篇并不完美的论文及几本没有看完的书籍。有专家说，毕业生的论文质量差直接说明了学生平时对于阅读的不重视。一本专业的学术书籍之中有非常多的知识点，当我们放弃了阅读的时候，也就直接为论文写作留下了盲点。这对我们是一种思维的弱化，也是对我们精神的损失。在过去若干年之后，我们将会为此耿耿于怀。

事实上，这种需要耗费较长时间、高度精力的事情真那么难以完成吗？其实不尽然。

有一个年轻人，在山上的小路行走，忽然前面的一条断崖拦住了他的去路。断崖很宽,主要是崖下深不见底,年轻人此时已经走得很累了,他坐在断崖前想:"我可不想直接跳过去,如果跳不好,可能就直接葬身崖底了。可是不跳的话应该怎么办呢?我还是休息够了改走别的路吧。"就在年轻人这样想着的时候,一只兔子冲出来,年轻人看到那只兔子慌不择路,从断崖的这头一下就跳了过去。年轻人大为惊叹:"兔子跳得好远啊!"这时一只老虎从后面追了过来,他这才明白为什么兔子会对着断崖跳过去,原来真的是慌不择路呢。可是老虎此时已经不管兔子,直接朝着年轻人走过来。年轻人害怕起来,自己一边是断崖一边是老虎,他只有像兔子一样慌不择路地跳了。让人没想到的是,他居然同样安稳地跳了过去。

如果没有老虎的话,年轻人真的没有能力跳过断崖吗?显然不是,只是他有可以选择的余地,所以他不想去直面那些存在危险的事情。这和我们写论文、看书是一个道理,我们不是没有时间,恰恰是感觉时间太多,于是为自己找到了退缩的理由。这种处事的方式在心理学中被称为拖延症,它躲在每一个人的心里,一旦你的意志松动了,它就会成为内心的主角。而战胜拖延的最好方法就是给自己要写的文章、要看的书,甚至是其他所有事件定一个最后的期限,让我们明白在这个时间段不完成的话,那就要接受来自强制性的惩罚。此时,谁还会不去按时地完成自己要做的事呢?

最后期限对于我们来说应该是一种信念的支撑力,我们会因为时间的有限而不得不让自己保持注意力与决心。没有时限或者时限模糊只会给我们增加后退的借口,这对全神贯注不利。没有办法集中精力,又如何去完成一件有难度又相对枯燥的工作呢?所以只有在我们有意识的期限设定之下，我们才能去更有效地进行写作、阅读，去更有效地完成自己为自己定下的目标。

做什么事情，都要提前一天安排好

孔子说："凡事预则立，不预则废。"所有的事情都是这样，如果没有良好的准备工作，可能实现起来就不会那么容易。我们在上课之前会不会为自己准备一下课前预习，我们在做任务之时是不是要先了解一下任务内容及目标，这都直接关系着最终的完成效率，也就是说想要掌握事件，就得有提前的准备。实际上，这种准备就是攻略的一种，它让我们更清楚地看到事情的走向与结果。

有一对上海的夫妻，他们要从浦西去往浦东游玩。路程大约是三十千米左右的样子，于是妻子说："坐公交车过去吧，出门就是，很方便的。"丈夫却说："公交车太慢了，用时要两三个小时，中间还得换车。"妻子又说："要慢就慢好了，反正就是去玩的。"丈夫不同意，说："我要坐地铁，这个又快又不堵车，一个小时不到就够了。"妻子很生气，说："地铁有什么好的，总在黑洞洞的地下穿来穿去，我坐公交车还能看看沿路的风景呢。"

最终，丈夫和妻子分别出门，他们一个坐了地铁一个坐了公交车。

结果，丈夫很快到了，一直等了很久，妻子才到达，一见到丈夫就抱怨地说："路上太堵了，而且天又热，真是浪费时间呀，早知道就听你的好了。"原来丈夫之前上班一直是从浦西到浦东的，当时没有地铁坐公交车的时候他已经尝够了这种时间上的苦，如今有了地铁，他又在网上看了交通状况介绍，知道地铁相对于公交车要便捷得多，于是理所当然要选择这种快捷又方便的交通方式。

这虽然是个小故事，但却很现实地告诉我们一个道理，凡事做预先的准备，那再做起来也就事半功倍了。现在人人都在说时间宝贵，可是真的会利用时间的人有多少呢？大家都在说恨不得把时间掰开来用，学习、娱乐、兼职、参加各种活动以及考级……可是这一切似乎是被留在抱怨的层面上的更多一些，我们没有办法对自己的时间做好管理，也就没有办法去改变时间对我们的意义。伟人毛泽东有首词这样写："一万年太久，只争朝夕。"这是一种说干就干，说执行就执行的魄力，它让我们真正地体会到时间不待人，可人却有管理时间的能力。管理时间，把握自己，我们要做的并没有多少改变，只要将事情做一个提前的准备，从而清晰地理出这件事的轻重缓急之处，那它的变化就都在我们的掌控之中了，如此不是一种对时间的有效利用吗？

每天提前一点打开书本，当再听老师提及时，我们会从容得多；每天提前将第二天的事情安排好，到时候就会层次分明，秩序井然。所有的事情都是如此，早点做准备就是给自己留退路，所谓未雨绸缪，有备无患。如果我们能在做准备的过程中发现问题，并及时地进行梳理，这对我们的执行就是一种督促，它会让我们更顺利更轻松地来完成事情。有人说我们是时间的主人，这就体现了提早做准备的先机，当你不了解自己的时间如何运用的时候，又怎么可能去驾驭时间，并很好地掌控事情的进行呢？从今天起，从现在起，为自己要做的事进行一个提前的安排吧，有计划才是顺利的开始，有准备才能临危不乱。有人曾说："谁配得到上帝的奖励，毫无疑问，只有那些准备好了的人。"我们就是已经为明天做好准备的大学生，我们将等待一次来自"上帝"的奖励。

随时自查学习进度以及学期计划完成情况

每一个大学生在进入大学之后都会为自己制订一份计划，它包括生活与未来的就业，而这一切则以学习进度为主。可以说一个明确的学习计划直接决定着一个大学生的追求，他是积极还是懒散的，他是主动出击还是随波逐流的，这一切都能从学习的进度上得出答案。所以，一次以进度为基准的学习自查就变得很重要，我们在四年的学习当中，应该不断地对自己的学习与目标进行自查。俗话说："计划赶不上变化。"大学生活那么多变，我们怎么可以守着一个进度、一份计划而最终过完四年时间呢？自查是让我们更好面对变化，更轻松成就未来的过程，其重要性可见一斑。

常年做销售的人员发现了一个"纽扣策略"：当一个人穿衣服的时候，如果第一粒纽扣系错了，那么下面的纽扣肯定都是错的。这就是说如果你的方向或者目标是错误的，那你付出多少努力都不可能到达最后的终点。方向是一个计划的前提，如果没有方向，哪里来的进步？而经常自查学习进度，对学期计划进行追踪是一次非常好的方向把握，它会让我们及时地发现问题，解决问题。

曾经有这样一个小故事。在某条河的边上有一座年久失修的寺庙，这年突发大水，结果寺庙被洪水淹没，很快倒塌，连寺庙前牢牢固定的石狮子也被冲到河里去了。后来，寺庙再次被修缮完毕，于是老和尚就想把那石狮子也打捞起来，于是找了很多人下水去摸。可是最终什么也没有摸到。和尚想，可能是水势太大，将石狮子冲到下游去了，便让人到下游去摸，但同样无功而返。一个书生听说了这件事，便不屑一顾地说："你们真不明事理，石狮子那么重，怎么可能被水冲走，它肯定是陷入河底的沙石之中了。"大家都认为有道理，便又一次下去深挖，可是挖了好久依旧一无所获。

这时一位老河工赶来和大家说："不要挖了，石狮子应该在河的上游。"大家听了哈哈大笑，说："你以为我们傻吗？石狮子又没有长脚，难道会自己逆流而上？"老河工见大家不听，就想证明给大家看，自己划着船去上游寻找，果然没过多久就找到了。大家非常好奇，问："石狮子为什么会去了上游呢？"老人一边在地上画出河沙的样子给大家看一边说："这还不简单？石狮子虽然沉重，流水冲不动它，可是从上游流来的水却会将它下面的沙子冲走，时间一长就会冲出一个坑来，这样石狮子如同站在崖边一样，自然站立不稳，很容易就掉进坑里去了，然后流水再继续冲刷它的上方，如此一点一点地它也就向上游移动了。你们不弄懂河水流动的原理，又怎么可能按照这个道理而找到石狮子呢？"

这个故事讲的就是人们总按照理所当然的目标去执行，却不知道从变化中看待问题。这就像我们学习一样，我们虽然制订了很好的学习规划，可是很可能因为我们所不知的原因而让它发生改变。这时我们若一味地守着原来的计划前行，岂不是越走越远？大凡实现一个目标，那必定要有着十分坚定的执行力，当我们按照这种执行方法去面对学习的进度时，可能就会忽略了问题的变化。这种不自知的学习过程或者是朝着盲目的目标前进的过程，就犹如行走在一个死胡同里，最终成为无用之功。

　　专心学习很重要，有目标有进度的规划也很关键，可是一次有效的能适应变化的把握就更加必不可少。我们想要求取成绩，想要有所进步，那我们就必须知道在努力的过程中我们有没有走错路或者走弯路。自查让我们及时地发现了自己行为的有效性与否，自然也就让我们离目标更近一些。有的人甚至说发现问题才是最终实现创新的前提，这对于我们的学习同样适用。当我们不断地改进学习方法，重新确定学习目标时，也就离最终的成功不远了。爱因斯坦说："提出新的问题、新的可能性，从新的角度去看旧问题，需要创造性的想象力，这标志着科学的进步。"如果我们在自己的学习过程中发现了问题，不应该感到懊恼，而应该是庆幸，因为这会让我们更早地进入前进的过程中去，更大胆地面对学习进度。

对于自己擅长的科目，要精益求精

人们总爱说这样一句话：人无完人，金无足赤。也就是说不管是谁都有他的长处和短处，不管是什么事情都有着其好与坏的两面。一个人长于此，未必长于彼，在我们学习中也是如此，没人是全科目"学霸"，总有一科是你所喜欢的、所擅长的，也总有一科是你所不擅长的。所以，我们应该看到这一点，从而在学习中发挥扬长避短的精神，让长处尽显优势，并尽量扩展它的深度与广度，从而走向精益求精。当然，如果我们在自己所选的专业上有所擅长，那就意味着可以走一条超越他人、完善自我的道路了。因为太多的事实证明只要将自己的所长用对了地方，前途就会与众不同。

有一个船夫驾着小船要将一位哲学家送到河对岸去，可是河水非常急，而且风也很大，船夫划得很吃力。这时坐在船上的哲学家却很悠然，非常高傲地问船夫："你懂得历史吗？"船夫简单地回答："不，我不懂。"哲学家摇着头说："那就等于你失去了一半的生命。"船夫不置可否，继续划船。哲学家又问："那你研究过数学吗？"船夫再次简单地回答："不，我没有研究过。"哲学家叹息着说："那真是可惜，你已经失去了一半以上的生命了。"

这时，风忽然变得很大，将水面吹起大大的浪头，一下将小船给打翻了。船夫与哲学家同时都掉进了水里。这时船夫大声地说："你会游泳吗？"哲学家手忙脚乱地在水里扑腾着说："我不会呀。"船夫一边游一边说："那你就失去了全部的生命。"

可见，有一点长处是人生的必然，而在合适的机会用对这份长处才是真正的赢家。一个再怎么优秀的人也不可能面面俱到，而一个并不聪明的人也不会一无是处。只要将自己所擅长的一面进行最大力度的发展，那就能在特定的方面超过优秀的人。李白说："天生我材必有用。"就是这个道理。当我们意识到自己的长处时，那就等于发现了自己的优势，如此，我们就可以把握好机会对它进行成功的塑造。当然，在学业方面这就意味着我们有所偏科了，对优势的把握及深化，并不意味着对劣势的放弃，相反我们在劣势科目上也要不断努力，日积月累，以获得哪怕一点一滴的进步。

纵观古今中外，有哪些人是万能的？大文豪马克·吐温也经过商，可惜他血本无归，但在写作上却大获丰收。有着数学奇才之称的陈景润，却没有办法做一名好的数学老师，因为他不擅长传道授业，只知道钻研解疑。本业为医生的柯南·道尔，似乎并没有医学上的出色成就，可小说却写得广受欢迎。还有钱钟书，据说他在数学面前从来就没有满意过，而在文学研究和文学创作方面却做出了卓越成就……这就是发挥长处规避短处的实例，这就告诉我们专注于目标的时候应该看到自己擅长的方面。

现在社会的工作分工日益明确，我们在学习中可以有意识地向自己喜欢的、自己擅长的方面去发展。当年大仲马在所有人的眼里都一无是处，连父亲都觉得他没有可取之处，可是父亲的朋友却告诉他："人要有自信心，找工作之前，首先要看到自己的长处，并将这一长处发挥到极致。"于是大仲马找到了自己在文学创作方面的专长，最终写出了《基度山伯爵》、《三个火枪手》等巨著，从而成名于世界文坛。

在我们所不擅长的科目上，我们会痛苦会纠结，可是却不能一味地抱着这种心情去面对所有的事情。否则，不擅长的科目得不到提高，而擅长的科目也将最终被落在身后。想要成功最好的方法就是看到自己的短处，有意识地去改进的同时，努力去将长处进行发挥。有一技之长的人总比所有科目都是半个瓶子不满的人要好得多。人注定了不可能是全能的，精力有限，时间有限，去大胆地挖掘所长，补短所缺，相信这样会让你的天空明亮起来。

大学生活中的变数有很多，适时调整计划

香港女作家张小娴在《三月里的幸福饼》中有这样一句话："世事总是有很多变数，如同明天的雨，不是你我可以控制的。"确实如此，我们长这么大，发现哪件事是一成不变的吗？所谓"计划不如变化快"就是这个道理，昨天还好好的计划，到今天就因为课程的改变而打了水漂。这时的我们是望变化兴叹还是根据改变进行重新部署？

在《三国演义》中有一段故事是"官渡之战"。当时袁绍刚刚死去，他的两个儿子袁尚与袁谭被迫退居黎阳。曹操的计划就是想乘着胜利，一鼓作气将二袁除掉。可是他的谋士郭嘉却说："袁尚与袁谭一直都不和睦，谁都不服谁，之前有袁绍他们没有办法，现在袁绍死了就会不一样。而他们的谋臣也各为其主，没有大局之观念，此时与其乘胜攻打他们不如先去攻打刘表，这边静观其变。"曹操认为有理，于是果断地放弃继续追杀的机会南征刘表。就在曹操的队伍离开之后，袁尚与袁谭果然以为大敌已去，于是开始了各自为谋，结果袁谭被打败，这时曹操才再次出手，轻松地将二袁平定。

这就是伺机调整计划，轻松成就事业的典型案例。古往今来这样的故事数不胜数，所谓"兵无常势，水无常形"，大致如此。所以一个有领导才能的人、有远见的人是拥有懂得适时改变自己计划、顺时而谋、借机发力赢得成功的本领的。我们的大学就是一个小型的社会，不管是学习还是就业，都有着很大的不确定性，如果我们不能因为变数而适时调整自己的计划，很有可能我们的未来就是竹篮打水一场空。所以我们要正确地看待事物的变化，灵活地抓住以下几点来对自己的人生做主宰。

第一，在学习计划中，我们不应该过强过高地估计自己，这是一种苛求，我们很有可能会因为难度太大而没有办法正确面对计划的实施。同时，如果在计划实施的过程中发现了自己计划的失误之处，就应该及时地进行纠正。

第二，不管计划因为什么原因而面临着无法继续，都应该以正确的心态来面对它的变化，从而用积极的心态去改变计划的前进方向，让计划一直适合自己的生活，成为永远为你服务的根本，这才是一个真正有利的计划。

第三，在大学选你所爱的专业没有错，但爱你所选择的专业也是一种变通。如果我们因为各种原因而不能在自己喜欢的专业里获取前途，那就应该放下抱怨，努力去爱上需要你完成的专业。报怨与借口都只会让你自己与成功越来越远，与其看着它变远，不如改条路换种心态去更好地接近并实现。

也就是说，不管是在计划中还是目标中，我们要以前进的心态变被动为主动。要知道我们不管学什么，做什么，最终都是为我们更好的人生来服务的，如果我们不能很好地把握它，那还谈得上自己才是人生的主人吗？大学四年，一个人的外在与内心都有可能发生改变，于是择业标准、学习态度甚至是人际关系与处事原则都会随之发生改变。而在变化的过程中，我们所不能变的就是以勇敢的姿态面对它们。为自己的人生负责，为自己的计划埋单，不能因为一点变化打破了你的预定计划，便看不开想不穿。这样最终只会耽误你自己，除此之外没有任何的好处。

同时，改变计划并不一定是一件坏事，它有可能会让你走捷径接近成功，也会让你更全面更理智地认识生活。这就仿佛从一个旧有的计划中投入一个新的方案一样，在工作中这样的情况太多，如果你连这样学习的一点小变化都不能接受，都不能及时地补救，那将来在工作中你可能很难面对工作的无常与变化。我们要有"以终为始"的决心，"以变求新"的勇气，大胆地面对改变，大步地走向你最终的目标！

需要时要懂得寻求教授和同学的帮助

国内某大学的校园开通了学生心理热线,没想到短短一年的时间里,便接到了将近五百个求助电话,而且这个数量不断地增长,因为知道这个热线的人越来越多,电话自然也就越来越多。2014年的上半年就已经有超过了三百个求助电话。心理健康老师说,学生求助的多是些情绪上的问题,当然也包括感情方面带来的困惑。由此可见,在大学的生活中,人际交往成了一种非常不好面对的事情,不管是双向的还是单面的,似乎都让大家不知所措。这些同学在面对问题的时候,更愿意打一个电话向陌生人求助,却将自己的老师与同学隔绝在外。就如同网上流行的那句:同陌生人说心里话。

刘琪与安佳都是大学的新生,因为是老乡又是室友,所以一入校便成了好朋友,这让她们很快将自己封闭在两个人的小圈子里,与其他同学接触不多,更不用说自己班级之外的同学们了。结果,到了要选必修课与选修课的时候,她们两个忽然发现这是个大难题,因为学分关系着未来的毕业,而且与专业关系很大,选不好的话就只剩下后悔的份儿了。两个人你看我我看你,愁得一个头两个大。

这时安佳说:"我们不如直接去问教授吧,这样有权威人士的指导总比自己乱填要好。"但刘琪性格内向,她觉得不好意思,何况与教授也没什么接触,担心教授工作忙,不愿意理会她们。安佳头脑灵活,她立刻发现了其他同学会找学长们来做指导,于是又说:"那我们去问个过来人,这总可以吧?"刘琪问:"那你认识谁呢?平时没打交道,现在人家又有什么义务来帮我们?"安佳被问得张口结舌,不知道该怎么办了。

其实有刘琪这种想法的同学并不在少数,他们可能碍于面子,又可能因为内向而张不开口求助于教授或者同学,最终他们所面临的只能是自己的窝火与不爽。而事实上,在大学里一张良好的人际关系网至关重要,而一种敢于开口勇于求教的心态更是必不可少。所有人都是生活在人际当中的,没有别人参与的人生岂不是孤独无助的?罗斯福说:"成功公式中,最重要的一项因素是与人相处。"这就告诉我们,想要成功,我们永远离不开老师、同学、朋友、同事、敌人等人物。吝于自己的语言,看重自己所谓的面子,你将永远被关在一个人的世界里犹如死潭般沉寂。

在小学、在中学,我们有父母的帮助、老师的提点,而在大学这一切都变得不同了,我们处于独立状态,父母不知道我们的学业处于什么样的变化之中,而我们的老师则给我们足够的个人做主的机会,即使有问题也需要我们主动地去寻找帮助。如果我们以各种原因为借口不找老师请教,不求同学帮忙,那我们在学业上就很可能踌躇不前,在人际上也将处于一败涂地的境地。美国著名的成功学家安东尼·罗宾做过这样一个实验:他用十年时间,对两千多人进行追踪研究,最终得出一个惊人的结论:"人的成就大小,与他们的支持者还有帮助者的数目成正比。"这就是说，没有别人的帮助，你将很难获得成功，就算成功了也会大打折扣。

  作为大学生，我们要的不仅是个性张扬，更是奔放热情，老师不再是给我们出难题的监考者，他们更多的是我们人生捷径的指引人，有问题完全可以大方地去求助。而同学则是我们同行路上的相扶者，甚至是探路者，有不解同样可以去请教一二。我们为什么不拿出自己的热情，去与他们团结在一起，不向他们伸出救援的双手？一个良好的人际关系网就是一个强大的后援支持团。我们应该尽情放开自己的怀抱，把热情给需要的人，在自己需要的时候，也可以伸出双手，得到让我们渡过难关的一臂之力。

第三章 『三高』定位,让『中国梦』与你携手前进

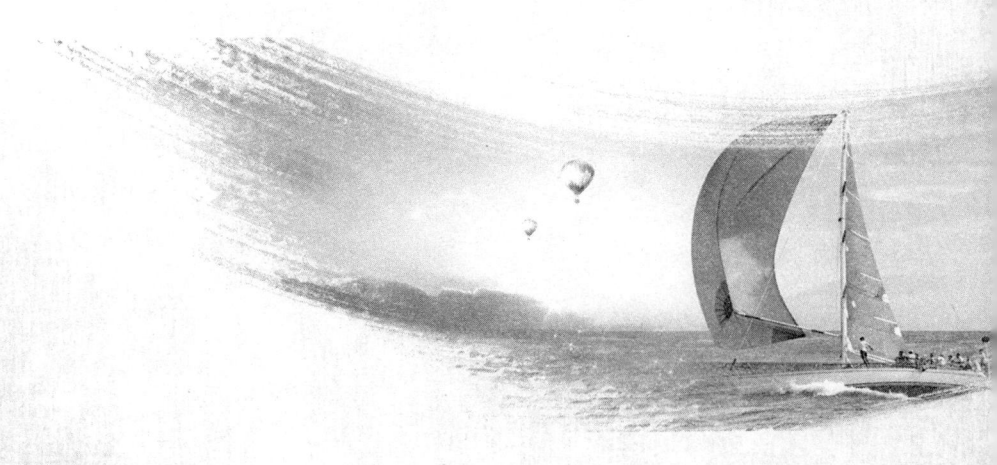

要有良好的学习态度，虚心比什么都重要

我们从小就被父母、老师教育：在学习上一定要虚心。孔子之言更一直如影随形：三人行，必有我师焉；敏而好学，不耻下问，是以谓之文也。如今，我们已经上了大学，这是一个"学问"的代称，于是很多同学便飘飘然起来，觉得自己已经进入了高等学府，虚心这种事完全不重要了。如果你也抱有这种想法的话，那就很危险了，至少说明你的学习已经到达了瓶颈状态，这种思想会让你学不进，也突破不了。

古希腊三大悲剧大师之一的欧里庇得斯说："年轻时不懂得学习的人，等于同时失去了过去与未来。"何为懂得学习？知之为知之，不知为不知，是知也。这就是一种学习的态度，一种以良好的心态对待学习的方法，它又可以被称为虚心的产物。不虚心的人总会以为自己最优秀，自己最强大，所以他将忽略知识的更新与递进，更会不屑于别人的学识渊博。而虚心的人却不同。苏格拉底这样看待学习："我只知道一个事实，那就是我什么都不知道。"于是他日学夜学，将一切的经历都

看成一种学习的过程，这种良好的学习态度让他成了伟人。聪明人之所以聪明，就在于他可以看到自己的不足，从而去提醒自己向身边人进行学习。如果我们将大学当成一次学业的终结，这四年也就白白地浪费了。而走出大学的我们如果一无所知，一无所长，那才是真正的后悔晚矣。

有这样一则古代寓言故事。在吴国，颜不疑是吴王跟前的红人，为人骄纵又不爱学习，经常在大家面前趾高气扬，被很多人看不惯。吴王一直想要提醒颜不疑做人应该谦虚谨慎，可却又不想失了颜不疑的面子，只好三缄其口。这让颜不疑更加有恃无恐，认为自己就是最好的那个，连国君都全盘接受。有一天，吴王带着大家游览一座猴山。猴子们见来了这么多人，便四散而逃。这时却有一只猴子突然跳出来，在吴王的队伍面前跳来跳去，非常招摇。吴王很不舒服，于是拿起弓箭便朝着那只猴子射去。谁知猴子不但没有跑，反而灵敏地将箭接住了，还对着吴王龇牙咧嘴，甚是得意。吴王瞬间被惹恼了，下令说："给我乱箭射死！"结果，士兵们万箭齐发，那只猴子就这样惨死箭下。

吴王回过头对大家说："这只猴子倚仗着自己行动灵活，便故意到我面前来炫耀，甚至要刺激我的底线，最终才落得这样的下场。做人也是这样，千万不要向别人去炫耀自己的地位与能力。"颜不疑听了这话非常受触动。回到家之后，他便拜本国有名的贤者为师，以收敛自己的骄纵，从而增长自己的才华，过了三年学有所成，也体悟到了自己曾经的不对之处，于是从高位上退下来，继续潜心学习。后来颜不疑也被大家称为虚心向上的贤者。

虚心与骄傲一直是处于对立面的，当一个人不能再虚心求学的时候，他必定会走向骄傲的方向。一个不知虚心为何物的人常常不愿面对现实一味夸大自己，想要杜绝自己的骄傲心理，想要看清自己的真实情况，我们要做的就只有虚心好学。在 20 世纪 80 年代，日本曾综合评定那些百强企业，最终发现：企业经营者的态度决定了企业的命运。傲慢的经营态度一直是企业最终破产的主要原因。有人曾这样说："当你谦虚的时候，一切存在的事物都会成为你的老师。如果佛在你身边，你们之间却没能建立亲密的关系，那么就是因为你不懂得谦虚。"一个不肯放低自己的姿态，不虚心去看待学习的人，哪怕你遇到再好的老师、同学、朋友，你也不可能学到有用的东西而得到进步。

其实，虚心不只是让我们进步的方法，它更是一种学习的方式。因为我们虚心，所以总会发现若干未知的知识，如此，我们会更加渴望去寻得解答。当学习变成一种习惯性的探知时，我们便会循着这种习惯而不断前进。虚心并不是放低自己的自尊，也不是去一味地学习别人，而是将别人已知的、自己未知的拿来结合自我的知识，从而让自己不断进步。在学习上保持了虚心的人都会从中看到一个事实，那就是因为虚心，自己面前的问题不再胶着与拥挤。当我们越是虚心时，困难就变得越少。这种用虚心来克服困难的过程，最终将促使我们不断地去学习，不断地去发现，不断地去提高。

不能以"不挂科"为目标，你要更加优秀

当被动学习变成了一个主动学习的过程，当上学不再为了升学、考试而紧张的时候，很多同学就在无意中懈怠了自己。在他们看来，大学的学习完全没必要去努力争取更好的名次与更优异的成绩。有的人甚至一直抱着只要"不挂科就好"的想法，将更多的精力放在各种活动上，恨不得将书本束之高阁。这很大程度上导致我们大学生成为麻木的学习者，彻底失去了奋斗的信心与动力。

作为大学生，我们所要面对的应该是如何担负起中华民族优良传统的传承重任，应该思考中国泱泱几千年的文化底蕴如何发扬光大。我们仅仅保持不挂科真的可以做到这些吗？没有了解、没有汲取的过程，我们又怎么去提高自我与强大未来？从现实的角度来看，大学是直接与社会相通的，当我们走出校园的时候，我们将要面临一个用实力来求得生存的现状，如果只是不挂科，我们如何在众多的竞争者中脱颖而出，又如何展示我们与众不同的一面？

在教育专家与心理学家的眼里，大学是一个人人生中的十字路口，它的方向意味着我们未来的发展。如果我们不能保证学习上的优秀与上进，不能保证更多方面的共同发展，我们所选择的方向势必就会被缩小

范围。这个事实将让我们未来的路更艰辛,更难走。所以,我们此时要做的绝不仅仅是保持及格的分数线,还要做到各方面更加优秀。俗语说:人无远虑必有近忧。我们要开阔眼界极力看到自己的长远发展。要知道在这里,我们将彻底告别青春期而成为真正的成年人,我们必须要掌握高水平的知识与技能,所以学习非常重要。而一个人没有朋友不可能成就完美的人生,所以大学的友谊不能轻纵,培养我们的朋友关系,处理我们的师生关系,都是必要的。当我们走上社会之后,大学的规划无疑又具有指向性,所以人生目标及自我培养要提前。如此种种,没有坚实的能力来做基础,仅仅将"勉强及格"作为目标,恐怕最终吃力的还是我们自己。

因此,在思想上首先要端正自己的态度,它会让我们不断地加强学习理论知识,会让我们积极靠拢社会现实。其次在生活上,千万不要一味地放纵自己,父母供我们上大学不容易,让他们省点儿力,让自己保持一份纯朴,这对于我们日后的生活与工作都是有帮助的。事实证明,生活的要求越低,人越容易获得快乐。如果我们不想让自己失去本真,就要看淡生活中的攀比与浪费。

当认识与思想达到了一定的高度,我们又完全可以让学习得心应手时,不要忘了实践自己的知识。找一份兼职勤工俭学不但丰富生活还能锻炼自己,甚至为家里减轻负担。这是一个优秀的学生应该具备的能力,它最终会为你的生活提供美好的未来。如果可以找出时间参加学生竞赛、组织学生活动,那也会大大提升你的个人能力,从而也可以证明,你不是一个只会学习而对其他事物一无所长的人,相信你的这些发展都将为未来的就业铺平道路。带着一颗做最好的自己、更加优秀的心度过大学时光，我们就会迎来比别人起飞更稳、飞翔得更高更远的人生。

用高标准、高定位、高要求来鞭策自己

世界著名的高等学府之一——哈佛大学曾经做过一次非常有名的追踪调查。他们用25年的时间来追踪一群年轻人的人生走向，这些人在最开始的时候智力、学历以及生活环境都相差不多。但他们有着不同的个性与习惯，对自己的人生也有不同的规划与要求。其中27%的人没有人生定位，60%的人定位模糊，而10%的人则具有清晰的短期目标，只有3%的人有着长远的清醒的人生定位。25年后，这群人的生活基本呈现两种结果，那就是97%的人因为当初定位的模糊、短期或者缺失而相当平庸，而那3%有着清醒的长期定位的人则全部成了各行业的精英与成功人士。

这项调查非常明确地告诉我们一个事实，你想要成为什么样的人就要看你自己对自己的定位。所以当我们还没有面对工作时，还没有奋斗方向的时候，不如做一个较高的定位来激励自己。高定位、高标准、高要求从来都是积极上进人士的自我鞭策，想要成为这样的人就必须要对自己有这样的期望。当我们对自己有了比较高的定位之后，我们会发现

自己是一直朝着这个方向走的，如果降低了自我定位反而会有所不适。

小徐是物理专业毕业的学生，毕业之后工作一直不好找，因为他对工作的要求是不能早起，不能太累，还不能太看人脸色。结果毕业之后三年，他一直处于待业状态。忽然有一天，父亲遭遇车祸，带着遗憾而去，小徐感到从未有过的痛苦。于是他告诉自己不能再"啃老"了，先找个工作养活自己再说吧。三年不工作的小徐最终成了一家快递公司的送货员，因为没有体力没有耐力，别人一个月挣五六千元，他只挣了两千元。当拿到两千元的工资时，小徐热泪盈眶，他突然恨自己这些年无所事事，恨自己不早点儿走上社会、不参加工作，三年时间就算从最低层做起现在也应该升职了，父亲又何必如此遗憾？

悔悟了的小徐咬紧了牙努力地工作着，他慢慢看到了快递行业中的发展前景，如果有资金，个人完全能在这里找到想要的回报。可惜自己一无所有，他只能继续送快递，积攒资金。这天，小徐送完快递回来，听说公司要建一个配送站，这正是小徐看到的自我发展前景，对他来说无疑是个再好不过的机会，可是资金怎么办呢？他在公司门口呆立了好久，刚好被经理看到。平时小徐的努力经理都看在眼里，经理于是走上前去与小徐聊起来，结果就引出了小徐想做配送站的想法，经理说："这段时间我看到了你的努力，也相信你会成功。"于是破例从公司为小徐申请了资金，小徐最终有了自己的配送站，开始向着更高的层次发展。

一个人从出生的那天起，有太多的东西都是后天形成的，不管是懒惰还是勤奋。当这些东西在我们的心里长成大树，我们的习惯也就形成了。可以说这是我们的第二天性，这些习惯养成后，如果没有大的刺激一般很难被重新塑造。可往往大的刺激都会让我们产生无法弥补的遗憾感,像小徐这样,就算人生再成功恐怕也弥补不了对父亲的愧疚和悔恨。与其如此,不如从一开始就将人生态度摆正,以高标准、高要求来塑造自己。哪怕若干年后我们没有成功,可我们能坦然地说:"我努力过了。"不留遗憾给人生,应该是我们每一个人的人生未来不可缺少的高定位。

大学生活就是我们培养自己的最后一站,当我们为自己的生活许下什么愿望,当我们为自己的人生定下什么位置时,也就开始了一次最后的冲刺。当初圣贤者所谓治国平天下的心愿也是先从修自身开始的,当他们抱着一颗有为国为民的远大抱负之心时,必定已经有了让自己强大的动力。所以树立远大的人生理想,努力学习、奋斗,以高标准、高要求来自我督促,才可能以圆满的学习成果来结束大学生活,才可能真正去实现自己的人生价值和社会成就。

社团活动要参与,学习功课也不能耽误

进入大学,我们的生活中便多了一种被称为社团活动的项目,不管是爱好还是专业,不管是为自己积累人气还是为班级争夺荣誉,每一个大学生在四年时间里都会遇到社团活动要不要参加的选择。很多同学会

说:"专业知识已经很难,再浪费时间去参加社团活动,感觉不值。"但有的同学则认为,社团活动是一次人脉的积累,更是一次实践的过程,可以将它看成用来提高自身的综合能力必不可少的活动。确实如此,社团活动就如同万事万物一样,有着让人受益的一面,但也需要让人付出一定代价或损失,所以如何看待它恐怕还真的有点儿为难。

梁茹是某大学管理系的优等生,人长得有气质,又很漂亮,学习成绩一直处于班里的前三名,在四年大学生活里获得过不少奖项。但她有一个最不让同学们喜欢的地方,那就是从来不愿与同学们一起参加活动。而且除非是非参加不可的活动,否则她绝对不会去参与。这让她一直保持着一种淡淡的神秘气息。大四的时候,同学们开始四处投放简历,开始寻找工作,梁茹却一点也不担心,因为她的简历早被一家大型的实力公司看中并约定前去面试了。就在梁茹去面试的当天,同学们纷纷不无嫉妒地猜想梁茹的结局。下午三点多,梁茹一脸忧伤地回来了。原来虽然她的学习成绩是最好的,可与人打交道的能力实在太差。当面试人员让她对着其他面试者介绍一下自己时,她只能简单地报一下名字,再没有多余的话可说。而有的面试者却落落大方地谈笑风生,梁茹的风头便一下被人抢了去。所以公司在让她回来等消息时却安排另外一位面试者下周复试了。

李开复曾经这样说有关社团活动的事:"社团活动可以扩大接触面,结识志同道合的伙伴。在社团中学习团队精神和沟通能力,是学生踏入社会前必要的准备。"梁茹学的是管理,而一个不善于与人沟通的管理人员,她的理论知识就算再扎实,也只是纸上谈兵而已。由此可见,社团活动的存在必不可少。至少它是我们正确面对自己的机会,我们不能很好地与团队沟通，也就意味着没有办法与社会进行交流。因此，我们要在社团中进行自我锻炼，从而增长这种与人沟通的本领。

大学里的社团活动各种各样，有知性的、审美的、运动的，等等。可以说大家在不同的活动里都可以找到适合自己并让自己出众的空间。如果把社团看成一个微型社会，这里首先给我们提供的就是一个直面社会实践的环境。当环境具备了，才是人与人之间的交往和沟通的开始，你不但能发挥专业上所学的知识，还能对自己的能力进行测试。可以说这就是不用交费的学习场所，就是一个不用面试的实习机会。在这里，对与错都不是很重要，因为它可以从头再来。它给了我们积累经验的机会，更让人与人之间的友谊通过这种磨合得到了良好的发展，它有可能就会成为你一辈子都为之受用的资本。

当然，参加社团活动也需要付出一定代价，比如必要的时间和精力甚至体力的付出。这不只是耽误了学习的问题，还有一个自身态度是否端正的问题。如果你只想在社团中锻炼自己展示自己而不能放低身段为大家服务的话，那这样的社团活动肯定是不成功的。所以在社团中，尽情展示自我的时候一定要有一颗诚心诚意为大家服务的心。想要达到这种水平，所付出的必定不是一点时间那么简单，还有必不可少的研究与调整，专业学习的碰撞和冲突。这一切无不是考验同学们的过程。如果这一关也能过去，相信你的人际交往能力以及未来适应社会的能力都可以达到要求了。

但有一点是要说明的，社团活动千般好，学习仍然是第一位的。我们不能为了参加活动而让学习退步，也不能因为实践而看轻理论。一个有前途的公司是会对一个员工进行实践与理论的双重要求的，所以社团活动要参加，要投入，要积极，而学习的成绩也要提高，要优秀。做一个复合型的人才，才有可能让你的人生立体起来，才会让你走向成功的未来。

对交友也要高标准，与优秀的人同行

朋友是什么？你人生的陪伴者，你事业的影响者，或者你未来的决定者？可能都会有所涉及，因此才有了这样的名言：你是谁并不重要，重要的是你和谁在一起。好的父母让你健康成长，好的老师让你正确把握学习，而好的朋友则让你积极进取。教育学者经过研究得出结论：在这个世界上，唯一能接受暗示的动物便是人。朋友就是那个最能暗示你，又最能给你影响的人，你的未来走成什么样，有很大一部分是因为朋友的影响。

我们很小就学习过"孟母三择邻"，一个人身边的人是什么样子的直接影响他的未来。朋友就是你身边一直活跃着的人物，他的素质就是你生活的环境，好的朋友会让你积极向上、勤奋不辍。而一个不好的朋友会悄悄拿走你的梦想，会最终让你颓废。印度的哲学家瓦鲁瓦尔就说："对人最有助者莫过于良师益友，世间最有害者莫过于狐群狗党。"交朋友一定要用高标准，以优秀者为友我们的人生才会出现不同的高度，才会让我们产生跨越与追逐的心理。与其受那些狐群狗党的影响，为什么不找一个比自己优秀的、能激励自己走向成功的人做朋友呢？

一位管理学博士曾经说过这样一段话："每个人都有250位朋友，他们分别出现在两种场合，一种是你的婚礼，一种是你的葬礼。而这些朋友有80%是对你毫无帮助的，他们通常不会给你正面、积极的影响，当你渴望有任何作为的时候，他们通常会浇你冷水，告诉你种种的坏处和各种失败的可能。有20%的朋友，是属于较积极的，会给你正面的影响。有5%的朋友会帮助你，极大地改变你的一生。所以，你应该花80%的时间与会影响你一生的那5%的朋友在一起。"

这种说法真实地告诉了我们一个事实：现实的改变是来自朋友的影响的，好朋友与坏朋友带给你的结局完全不同。如果你不想因为一个朋友的破坏而追悔莫及，用现实来买教训，那就离他们远一点。用心去交一个好朋友，一个值得你付出与维护的朋友。我们不期望一切的帮助都来自于这个朋友的双手，但他优秀的人生理念及行事为人，会非常正面地带给你人生的思考。应该说一个好的朋友给你最大的好处就是正确的思考能力。

有人说生活中最不幸的事情就是由于你身边缺少积极进取的人，缺少立足高远的人，才最终让你的人生也变得平庸无为。这话是有一定道理的，两个人如果都是以吃喝玩乐为主地交往，那他带给你的只能是生活中的吃喝玩乐。而以进取与奋斗为人生理念的朋友则不同，他的每一次改变都将会对你产生影响与刺激，让你也试图成为改变生活、创造人生的人。读好书，交益友，就是人生最幸福的事，也是人生最终成功的秘诀。不要说这太现实，如果从小将你与狼放在一起，你会有着狼的野性与攻击性；如果将你与绵羊放在一起，你就会温顺不知反抗。所以，我们有必要和一个优秀的人做朋友，去让自己成为同样优秀的人。

另外要记住，朋友是相互影响的，我们的人生并不是只一味地受别人的影响，当我们因为朋友的优秀而变得优秀时，我们身上优秀的成分也会被朋友所借鉴，这就是相互性的暗示。没有谁一直活在别人的光环之下，耳濡目染是一件潜移默化的事，它会让我们激发自己身上的优点，从而变成让朋友也仰视的优秀点来学习。借人之智激发自我，成就自己鼓舞朋友，如此成功之道不是大家共享的好资源吗？

对作业论文，千万不能得过且过

一提到毕业论文，有80%的同学会觉得，这是费力不讨好的事，大四的时候既要找工作，又要学习，再写这种没有意义的论文，实在多此一举。有的人甚至会直接说："毕业论文写得好不好与我找一份好工作一点关系也没有，只要能通过就好了。"可事实是，抱有这种想法的同学在态度上就出了问题，大学并不是你一生学习的结束，一个人来到世界上是要活到老学到老的。不管是毕业论文还是小论文作业，它们都代表着我们对学习的态度，都是对我们所学知识的检验。完成得好，说明我们已经掌握了所学内容的精髓，完成得不好，我们又怎么去找一份好工作呢？

方卓越是一个出生在小镇上的孩子，他家里从来就不富裕，父母都做点小生意，用以维持生活。而父母则将希望寄托在方卓越的身上，希望他可以出人头地，改变自己家庭的这种现状。可是学习似乎不是方卓越的爱好，读到初二他便偷偷地辍学打工去了。只是他年龄太小，找不到工作，只好在小饭馆里给人端盘子刷碗，这种工作让他感觉窒息一般的难过。后来他觉得，这实在不是条出路，于是他再次回到课堂，开始为了考大学发奋。

可是方卓越落下的功课太多了，加之本来学习也不好，所以第一年没能考上大学，复读一年依旧差了一点。家里为了让他考大学借得到处是债，方卓越也很争气，没白天没黑夜地看书学习，终于在第三年的时候，他成功地考入了北京的一所大学，方卓越感觉心里的目标一下达成了，那些汗水与努力都得到了回报。这种感觉与之前的努力落差太大，结果却让他失去了再努力的动力。他在大学里作业从来都是马马虎虎，更多的时间用来睡觉、玩或者兼职，可以说浑浑噩噩。到了毕业时，他的论文答辩都差一点没有通过，那种险而求生的感觉让他心有余悸。毕业多年之后，他依旧做着朝九晚五的公务员工作，他经常觉得这与当初端盘子刷碗没什么区别。可是想要再上升的话还要考试还要学，大学的基础摆在那里，他倒有些力不从心了。这让他深刻地感觉到了后悔，他经常这样自问："如果大学四年我可以像高考复习一样学习，今天会是什么样子呢？不会是今天的样子吧？我的大学到底是白上了。"

这就是在大学混日子的感受，当我们费了九牛二虎之力考上了大学之后，难道为的就是混日子吗？作业不交，小论文敷衍了事，终日浑浑噩噩，四年结束就能获得一个好工作吗？如果你是公司的老总，你会要这样一个混天度日的员工吗？对于有这种心态的人来说，在哪里都是一样的，工作的时候他们心心念念地也不会是如何提高业绩，而是早点儿下班，早点儿回家。一生就这样盼了今天盼明天，盼了明天盼明年，一辈子没有多少年，很快也就这样过去了。一事无成的他们会不会在某个无眠的夜晚，对着自己的空白人生悔恨交加？

大学虽然自由，可同样是一个学习的地方，我们要有这样端正的态度，我们有书要读，有作业要写，毕业论文就是考验我们四年的学习结果的成绩单。当我们将这些都得过且过地打发过去之后，那剩下的还有什么呢？没有游刃有余的人生智慧，又如何写出洞若观火的人生篇章？所以，坐在教室的我们应该是虚心受教的学子，走出校门的我们应该是积极进取的青年。我们受过高等教育，我们有十几年学习积累。在大学我们认真对待学习中的每一件事，走上社会我们才能获取人生成功的钥匙。

单纯阅读还不够，要求自己读通读透

大学校园里一直流行一句话，那就是：大学四年如果你没有去过图书馆或者很少去图书馆，就等于大学白读了。由此我们看到了阅读的重要性，它对于我们的生活与学习都是相当有助益的活动。可是学生的阅读情况却呈现出这样的状况：读书的人很多，真正能坐下来努力读书吃透看懂的人却很少。很多人都承认，现在是一个速读时代，一目十行地滑过才是读书的好方法，因为这样可以多读，可以快读。至于在读的过程中究竟看到了什么似乎成了无关紧要的事，这可真是五柳先生的"不求甚解"学说了。

其实读书是为了让我们有一个拥抱知识的机会，是为了让我们根据知识提升自己的能力。如果看书总是不求甚解还有什么用呢？曾经有这样一个小笑话。一个非常寂寞的人总希望有朋友可以和他说话。有一天，他看到一个电话销售广告："提起电话，就能听到朋友的声音。"这让他非常高兴，马上装了电话，于是开始日等夜等朋友的声音。结果电话这头一直没有声音响起，他非常生气地要求退货，说厂家骗了他。销售人员无奈地说："先生，你连说明书也没看吗？"寂寞人说："我当然看了，我知道要将电话筒贴在耳朵上。"销售人员说："可前提是你的朋友也要有一部电话，当你们接通的时候才能听到他的声音呀。"

这个故事虽然夸张了些，但是却很好地说明了做事也好读书也罢，一定要看透吃懂，否则便是自讨苦吃的道理。所以老舍先生说："阅读文章，要边读边品味，不能不求甚解。"一篇文章、一本小说，它们的内涵是不可能浮于字面之外的。所谓有一千个读者就有一千个哈姆雷特就是这个道理，我们用自己的心去品读文章，我们用自己的情绪去体验文章中的情绪与思想，那些不在文字之上的内在的含义与玄机才能被我们挖掘出来。

有些人对着一本书进行浏览式阅读，在看完之后便煞有介事地说三道四。这种人在智慧者的眼里是浮浅的，因为他们永远不会探究书本的真相，却可以片面又武断地进行评论。当他们说的越多时，他们的不足便越多地被彰显出来。曾经有一个年轻人，他一直以为自己很有悟性，所以经常夸夸其谈。有一天，他遇到一个老人，老人正望着远远的小木棚表情凝重若有所思。年轻人很好奇，便也朝着小木棚看过去，他看到一个满脸胡子穿着半旧工作服的男人正坐在一把小椅子上为土豆锄草。那动作很慢，也很不方便。年轻人冷笑着说："这样懒散的工人，不要也罢。"这时老人看他一眼，轻轻地说："你应该再看仔细一些。"年轻人很是不服气，嘴里一边小声地辩解着一边又往前走，当他走过小木棚，站在另一个角度来看那名工人的时候，才突然发现他的一条裤腿空空地飘荡着，而椅子边上则放着一副拐杖。年轻人哑口无言，这个努力工作的工人原来是个没有腿的残疾人，自己是多么片面又不求证地给他下了懒散的定义啊！从此，年轻人再也不随意做判断了。

叔本华在《读书与书籍》中说："记录在纸上的思想，不过是像在沙上行走者的足迹而已，我们也许能看到他所走过的路径。如果我们想要知道他在路上看见些什么，则必须要用我们的眼睛。"我们如果只一味以书本外在的文字来解释它内在的深意，那不但对我们了解内涵毫无帮助，就连培养我们的写作能力也没有任何助力。因为我们读书只用可以看到的部分来理解，那写出来的东西也必定只有可以看到的，其内在永远空泛，这种写作充其量是一种模仿。

在阅读上，我们不但要多读，还要细读，这至关重要。就算是很多并不出名的小说，或者是诗集的小册子，也都有着自己内在的声音。毕竟那种速读文化是一种消遣，不求解也就算了，可这却不能成为影响我们凡书必如此阅读的方式。所谓开卷有益，当我们打开一本书时，如果在它的身上看不到益处，则只能说我们没有读出它的精髓。找点时间，找本好书，安静地坐下来细细品味，这才是阅读的过程。相信深刻地阅读会让我们从字里行间感受到身心俱美的墨韵与书香。

听课不简单，每一节课都要有知识吸收

大学生都应该是善于思考的人，而且立意也要比其他人更新颖更有思想性，所以他们知道自己要什么，知道应该做什么。也正是因为如此，大学才变成了一个自主式学习的地方，彻底地放开了约束与强制性的教育理念。但不知为什么，如今却有很多同学已经对学习失去了兴趣，虽然他们嘴里时刻都在叫着："我要努力，我要在未来找份好工作。"却从来不重视课堂上学的知识，总是一个耳朵进一个耳朵出，一知半解不说甚至还逃课。他们甚至还理直气壮地说："我不去上课是因为有比上课更重要的事，那对于我将来能不能进入理想的工作单位更有帮助。"可是同学们有没有想过这样一个现实：就算你利用各种渠道进入了理想的单位，如果你没有专业的知识，还会有发展的空间吗？

我们在大学要做的事确实很多，但一定要将学习放在第一位，学习知识的方法与开启未来大门的钥匙都在课堂上。不要将一堂你认为无关紧要的课看成是耽误了自己的时间，而应该努力地去倾听去理解，去从中吸取到知识。这才会在将来为你的工作加分，为你的发展提供强有力的保障。2006的时候，曾有中国某大学的教授算过一笔账，将其称为"教育投资"。账目是从幼儿园到大学的全部花销统计，这包括了家庭投资、国家支持以及受教育者的教育机会成本，综其三项内容，就算是一个出生在农村的大学生，其教育成本也要达到20万元。所以在细化之后，大学的每节课成本应该是在50元左右。而且这是2006年之前的教育成本，到如今它的数值不知又翻了多少倍。大家是不是可以从中感受到受教育的不容易？

某大学管理学院大三的学生张某也给自己算了一笔教育投资账，综合幼儿园、小学、初中、高中、大学共计22年的时间，她得出这样一组数据：国家教育投资总额为9.1万元，家庭为其出资6.3万元，而教育机会成本为10.1万元。张某非常真诚地说："我的教育成本比起别的同学可能还要高一些。"因为弟弟为了让她上大学，放弃了自己上学的机会去打工，并用打工的钱支持了她读大学。从教育机会成本来算，这就相对被提高了很多。张某非常激动地说："如果我上课没有好好听讲，就相当于每分钟浪费一元钱；如果我不上课而出去做兼职，那我一分钟显然不可能挣到一元钱。如果我毕业之后找份工作是每月2000元，那么也就意味着不吃不喝10年，才能将这笔教育投资还清。所以我必须要充分吸收课堂上的知识，增长才能，从而缩短我收回教育投资的时间。"

相信看完这组数据，每个同学都应该有所触动。在8年前是50多元钱，随着经济的发展、消费的提高，我们为了高考而投入的那些高额辅导费，每一笔都在增加教育投资的成本。同学们是应该及时地认真学习知识为未来做准备为主，还是要利有这4年时间放松自己，或者争取一个可能在未来保全不了的机会为主呢？没有真本领，就算再放松也是暂时的，就算有再好的机会也是徒劳的，因为机会永远只给有准备的人，而我们现在最好的准备就是发奋学习，努力汲取知识，建构自我成长体系。只有我们内心强大了，面对事物的能力才会强而有力。

当我们对一节课漫不经心的时候，当我们为了某种理由而逃课去做有"意义"的事情的时候，我们可能获取了暂时的满足与自我肯定。但在不远的将来，我们在工作中遇到不能胜任的事务的时候，面对能力日渐不足的时候，所要得到的可能就是付出用20多年时间学习而最终不得不放弃的工作机会。如此做一个权衡，同学们应该已经知道了课堂上吸取知识的重要性了吧？一节课听不好就意味着影响下一节课，一节课没有知识增长，就等于白上了一节课。为了将来站得更稳，走得更远，现在我们要告诉自己：我们不期望每一堂课都有醍醐灌顶的开悟，但要在每一堂课都学有所获，从知识中积累力量，从积累中增长能力，这才是我们打造自己学习过程的重点！

听一次讲座，要有不一样的收获

进入大学之后，各种讲座也同时进入了我们的生活里。有的同学只选择有用途的讲座去听，自称是听有所得，而有的同学则场场不落，称开阔思路。这些想法都不错，至少我们可以从听讲座中明白换取自己需要的东西。但是，作为一名学生，我们除了在讲座中得到自己受用的部分，还要善于学习、主动学习，从不同的讲座中得到不一样的收获。不管是不是同类型的讲座，不管是不是同一个讲师的讲座，每一次讲座都应该有它自己的意义所在，这才是真正的听以致用。

多听讲座无疑对大学生有着成长上的积极意义，不但让学术交流成为学生学习的必然过程，还能提高大学生的综合素质。所以当我们投身于一场讲座之中的时候，不应该只注重讲座者的名气大小、内容实用与否，而应该是从多方面多角度来看待讲座本身。这堂讲座究竟给我们带来什么知识量，到底打开了我们哪一项思维，让我们从中看到哪些不同的地方……这才是真正坐在场下用心倾听的姿态。从话语中听思想，从思想中联系因果，讲座的魅力也就自然而然地呈现出来了。

一般来说讲座的嘉宾都是一些成功人士，他们的身上绝对有着丰富的个人经历，更不会缺少奋斗的实践经验。当我们听这样的嘉宾进行讲座的时候，就可以从他的语言中、神情上来领略名家应有的风采，从而为自己的修养与个性树立标榜作用。也就是说，一次讲座绝不仅仅是内容上的提高，还会有着外形上的开拓。嘉宾的演讲还是一次社会相关领域动态的总结，这其中有着该专业的规范，更有着它所特有的内在行情。当我们真正地听进去时，便可以感受到这一专业与自己职业规划的碰撞，从而促使我们进一步修正人生的规划。

大学之所以成为大学，就是因为它所特有的学术性与精神境界的开阔性。大学校园一直推崇学术的对接与碰撞，讲座就是这样一种交流的方式，它为大学生们展现自我、认知自我提供了良好的机会。所以在听讲座的时候最应该想到的是一次自我学业与思想的进步。一堂讲座是不是能给我们提供一次学术上的探讨机会，是不是可以给我们带来更进一步看清未来的途径就至关重要。

很多时候我们有这样的误区，认为讲座的可听与否、值不值得就在于它是不是热闹、是不是抢手。当一场讲座真正达到万人空巷的时候可能真的很不错，但也不能排除只是一次讲座者的名气或者宣传起到的作用。所以听讲座要有所选择，有所了解，听一次讲座，要从中有所收益。

有的同学在听完讲座之后有回去写心得的习惯，这是一种非常好的讲座与现实相结合的方法。心得体会能罗列我们从中得到的感受，能分析我们自我定位的角色感。这都是有着主动学习的心理才能感受到的事情。当我们发现目标不清，听得云山雾罩时，这样的讲座听还不如不听，它只会让你与现实脱节，只会给你带来更多的困扰。听讲座与读书一样，一次好的讲座是会让人受益并从中体会快乐的。所以不要一味去追随名人、明星、大牌等嘉宾的现场，而是有针对有需求地去看待讲座本身。听完一次讲座，让我们从中得到一分思想的提高；听完一次讲座，让我们产生一回学术的共鸣。每次听讲座都有知识的新发现，才是听讲座真正的高境界。

第四章

寻找最适合的方法,『中国梦』推动你不断成长

每个人的学习方法都不同，找到最适合自己的

应该说，从我们上学的那一天起，我们便开始摸索一种适合自己的学习方法。所以，每个人对待学习都有不同的看法，而学习的心得也不尽相同。只不过进入大学之后，学习再一次发生变化，我们很多同学可能会因为这种变化而找不到自己的学习方法，从而绞尽脑汁又备受煎熬。达尔文就说："最有价值的知识，是关于方法的知识。"由此可以得出，学习方法才是我们开始新生活新学习的关键所在。

孙新与赵智是大学同学，两个人从进入大学那一刻起，最早相识，最早成为朋友。所以他们几乎是吃在一起，学在一起，又住在一起。而他们的学习成绩相差很大。孙新感觉自己进入大学之后变得容易疲劳，学什么总容易忘，没有兴趣不说脑子也乱乱的。为了加强学习，他只好一次又一次地拒绝赵智的活动邀请。他不断改变学习方法，有时一整天将时间用在学习上，可记住的单词没几个；有时又熬夜到很晚，第二天一早却发现昨晚背的资料早忘光了。

可赵智就不同了，他平时爱好很多，又与同学们交流广泛。因此，他经常被别人约了去打球，或者去参加其他活动。学习就成了赵智休息时间的事情，但这种劳逸结合却让他学得格外顺利，不管坐在哪里拿起书来就能背上一段，听课时效率非常高，笔记记得也很好。因此，赵智成绩出色，人又活跃，被选为宣传干事。孙新非常不解，问赵智："看不到你努力学，为什么你总是可以成绩这么理想呢？你到底用了什么方法？"赵智却说："你没黑夜没白天地守在书前是不行的，你看我就懂得劳逸结合，当然成绩也就好了。"

这就是学习方法的不同而造成的不同结果。其实，现在人们都知道，强迫学习的收获并不会理想，所以就算是有些同学想要提升成绩，也不建议他们拼命地熬夜来学习。学习要有所注重，就像赵智那样，去寻找一种读书的乐趣，这样才会将空洞无聊的内容当成休息时的趣味。当然，各人的情况不同，适合的方法自然也不一样，这又牵涉到一个学习方法的种类问题。学习到底有多少种方法，还真不好说，因为它是时时变化并且毫无常规可言的。但有一点可以确信：只要找到你自己适合的那一种方法，那么就可以让你事半功倍。

通常来说，学习方法有组织联系法、主动学习法、辩证思维法与对比、假设等方法。组织联系法提倡的是一种遵循整体性为原则的方法，就是将所有的知识联系成一个整体。列宁曾这样说："每一概念都在和其他一切概念的一定关系中、一定联系中。"知识不可能是完全独立的，所以从整体上进行加深理解未必不是好方法。我们把各种要学的知识进行一个综合的组织、联系，这样会更容易记忆，从而应用起来的时候也就顺畅得多了。

而所谓主动学习法则是打破死记硬背、熬夜不休的学习方法，它告诉我们一个原则：一个人再有能力，再有精力，也不可能把所学的知识都记下来，而就算记下了大部分，那也只能说明你是一个目录式的学生，至于是不是会运用、会发挥就难说了。所以要学会从知识上动脑思考，特别是我们大学的课程多，问题深，思考会牵动我们更深的知识链，从而有助于我们提高知识的深度和广度。古语有云："操千曲而后晓声，观千剑而后识器。"就是这个意思了，宽范围、有深度地去思考与搜集，学习上的进步就明显可见了。

辩证思维法要求的是同学们对身边事物本质及联系的一种认知与体会。辩证可以让我们从直观到抽象进行思考，再从抽象之中进行思维的实践。老师经常说我们要从个别现象想到一般现象，从形象想到抽象。抽象所反映出的往往是概念与判断还有推理所生成的过程，它直接将具体形象抛开，然后得到本质的属性。这种概念的具体与真实会让我们得到良好的记忆与理解，从而变成真正的通、透把握并灵活运用。

对比与假设更多的是让我们从事物的表面相似性引起联想，从而进行深度的认识和掌握，然后再按照假设的方式一层一层地抽丝剥茧，如此真实的内在就肉眼可见了。像这样的学习方法还有很多，所以说不同的人要寻找不同的学习方法，因为每个人所擅长的学习方式不同，只要你掌握了一种有利于你学习的方法，那就完全可以轻松对待学习。这样，在有限的大学时光里，就可以将无限的科学知识进行最大化的理解与掌握，我们也就不虚度四年大学时光了。

别把看书复习看成寻常事，讲求方法最重要

不管是被动的还是主动的，看书、复习肯定是我们生活中很重要的一部分，进入大学之后的主动学习就更加注重自我的复习。那你是如何对待自己的复习的呢？如果让你说一下自己的方法是不是能形成一家之方式，估计一大部分的同学会说："复习要的就是一个轻松过程，哪有什么方式可言。"这种想法绝对是复习的大忌。不将复习当成重要的学习手段，那在考试的时候你所能把握的知识也就可能要用忽悠的方式来对待你了。

在大二的某女生宿舍里，六个女生分成两派对待复习，其中四个人组成了一个小组，每天窝在一起，头对头地讨论、交流。而另外两个则各自趴在自己的床上进行苦心钻研，经常一语不发。于是在这个宿舍经常会出现这样的一种情形：学习小组的四个女生通常会准备一些零食，每天复习之前都要先通报一下这一天自己身上发生的事情，然后再七七八八地发表一下对某件事、某个人的看法，说到忘形的时候因为怕打扰那两个女生，还特别出去找一个地方来讨论，久而久之四个人成了一个"八卦"小组，更多的时间全用在了猜测、传播各类新闻事件上。而那两个独自复习的女生，一开始非常安静，拿着书一行一行地看下去，可

是总会看着看着便目光迷离了。没多大一会儿，通常是爱睡觉的昏昏睡去，怕睡觉的走出去活动醒盹去了。

到了期中考试的时候，宿舍的六个人只有三个是六十多分，另外三个根本都不及格，这种结果是她们怎么也没有想到的。于是几个人你看我我看你，大声地问："我们明明每天都复习功课，这是怎么回事？"

这个女生宿舍的情况代表了很大一部分同学的现状，他们结帮成队地扎在一起，为的是有不懂问题可以讨论一下，交流一下，但不好的地方却在于这让他们非常容易分散注意力，从而使复习成了无关紧要的事，你一言我一语的聊天却顺其自然了。至于睡觉者，那就更自然了，平时就感觉睡不够，再抱上一本厚厚的专业书籍，那种沉闷可想而知。由此倒是可以让我们想到为什么古人要头悬梁锥刺股了，对于学习来说这种手段很有必要啊。

其实，直接来讲，复习时最怕的是你选不对方法，这种扎堆或者卧床的方法都不值得推荐。首先，良好的学习氛围会让我们更容易投入精力去对待复习。比如在班里或者在图书馆里，环境相对安静，却又有着极浓的学习氛围，这样就会很容易带动我们的复习积极性了，人是极易被传染的动物，这是事实。而复习多样化又是克服枯燥与无聊的方法之一，当我们对着厚厚的专业书本头疼的时候，不妨换一科你感兴趣的，这样再看下去就会让已经处于滞后的精力得到提升。看过一段时间然后再攻克相对枯燥的内容，如此交替着进行，其收效要比单看一本好得多。

其次，复习的时间上也有讲究。心理学家就做过这样的试验，先将一组学生安排背诵课文，完全没有时间限制，一直不停地背下去，要等到背过才能停下来。而另一组则每天背两遍，然后去做其他事情。这样七天之后，每天背两遍的学生对课文已经达到了逐字记忆的程度，背诵的过程中只出现过四处错误，而一直在背的同学却相对错误更多一些，错误的地方共有九处。这就说明一个人的注意力不能一直放在一件事物上，要有间隔地进行复习，复习很重要，休息也必不可少。这就是为什么教育者总是提倡要劳逸结合的原因了。

最后，在复习的时候可以采用阅读与重现交替进行的方式。比如现在有一篇课文的识记任务，那我们就可以先是读两遍，然后再以重现的方式进行两次。这比起一直背要管用得多。而且一直背会让我们无法集中注意力，这对复习无疑是有影响的。而重现则不同，它会提醒我们哪里出现了错误，哪里理解不清，这有助于改进背诵。于是我们抓住了重点，也就提高了自信心，从而使记忆的能力增强。

总之，复习是一次自我内心控制能力的较量，你是不是能战胜自己，是不是能将复习进行到底并有效吸收，全都在于你的复习方法与方式上。如果没有良好的环境，没有极强的自控力，那肯定是没有办法进行复习的。那种用放松的心态来面对看多少是多少、记多少是多少的复习方法则更是复习的不良手段。为了巩固学习效果，还是以认真的态度来正确对待复习吧。有质量的复习相比与时间死缠烂打，它的效果会让我们更加惊喜。

总有一个学习场所是最适合你的

　　人与人都是不同的，所以我们有着各自的个性，有着各自的爱好，这些不同让我们找到自己的存在感，让我们更加确信独立的空间之重要性。其实每个人的个性是彰显于不同事件上的，比如学习、运动等。但如果说有人会只钟于自己的学习场所你会怎么看呢？这是真的，对学习地点有选择的人往往会因为地点的不同而收到不同的学习效果。这就犹如那些运动明星会因为主场和客场的不同而取得不同的成绩一样。场所给我们的可能就是一种习惯与安全的保证，所以当我们面临着这样的一个场所时，便立刻得到了身心放松，从而将全部的精力都集中到书里去了。

　　说起对场所有偏好的名人，那牛顿不得不提。也许又因为他是如此有名的人，所以他的这种场所选择法就更让人瞩目。牛顿出生在一个贫苦的农民之家，很小就失去了父亲，所以他与母亲住在外婆家里。为了能独立，能担起生活的重担，十四岁时牛顿便在母亲的强迫下离开学校去谋生了。这对于牛顿这样一个爱学习的孩子来说很残酷，他向母亲要求了好几次都没能改变母亲的想法。于是他只好开始一边经商一边偷偷看书的生活。

但这样就迫使他不能坐在家里读书，因为会被母亲发现。去别的地方又让他感觉不习惯，他只好苦苦地思索。后来他发现了在去做生意的路上有一排可遮挡他人视线又阳光充裕的篱笆，这让他高兴不已。于是他每天从家里出来之后，便让跟着的人去做生意，而自己则拿着书坐到篱笆下，开始用心地读书了。这样一直过了大半年的时间，牛顿几乎成了篱笆下的常客，每每看到篱笆他就产生看书的冲动。这天，当他又坐在篱笆下看书的时候，不承想被路过的舅舅看到了，舅舅立刻过去骂牛顿不务正业。可是当他看到牛顿看的是一本数学书时，又被孩子的坚持给打动了。回到家之后，舅舅努力地劝服了自己的姐姐（也就是牛顿的母亲），让牛顿重新开始了学习的生活。不过篱笆下的特殊经历已经让牛顿产生了自己的偏好，他经常会坐到篱笆下去看书，并感觉在那里可以想得更多。

虽然说牛顿是从最初迫不得已躲在篱笆下看书才养成的习惯，但是这种对场所的选择也说明了一个事实：读书时可以有一个自己喜欢的场所，在这里是可以增进读书效果的。特别的场所对有些人就是有特别的作用，我国的著名作家钱钟书先生就喜欢一边泡脚一边看书，他说这会让自己轻松而投入。而宋代著名的大文豪欧阳修则说："我一生写的文章，大都是在马上、枕上、车上完成的。"这都是一个人的爱好与习惯，找到这样的地方，他就能文思泉涌，就能思想跳跃。所以，我们如果在学习的时候寻找一个适合自己的学习场所，那是不是也同样事半功倍呢？

其实这在某种程度上来说是一种心理上的慰藉之感，当我们找到自己喜欢的地方，当我们坐在那里身心愉悦的时候，我们自然也就有了良好的心情来对待读书学习的事情了。毕竟，我们的寝室太吵，而我们的班级里又总是人来人往。与其因为不能为读书集中精力而发愁，不如为自己寻找一个适合的场所成就自己。比如学校的操场一角，比如某个凉亭的清风之中，只要能让我们静下心来，让我们全情地投入读书中去，那都是可取的。找一处适合的地方，点燃求知的渴望，为我们的将来留下一份美好的回忆，这样的过程何其美好，同学们就快点去寻找属于自己的读书圣地吧。

什么样的记忆方法适合你

在我们学习的这一段时期，记忆好不好几乎成了决定我们学习效果的关键。记忆好便意味着知识可尽快熟悉，考试便能从容过关，而记忆不好也就意味着你的学习可能会遇到问题，会产生困惑。也难怪很多人在抱怨："为什么我学的越多，知道越多，却忘的越多？"其实记忆好不好和你有没有拼命地去背诵没有关系，而在于你的学习兴趣、目的以及你对接收信息的使用频率和你对信息与自己已知知识的联系。可以说这些方面与能否顺利记忆都息息相关，而其中与已懂知识相联系的记忆能力又往往是人类最擅长的，如果你不能对所学知识进行整合与联系，那你就很可能没有办法再进一步去加强记忆。

有一个小女孩站在窗前看着外面的人,他们正在将小女孩死去的小狗埋掉。小女孩看着痛苦不已,眼泪哗哗地流出来。这时她的爷爷走过来,将小女孩带到另外一个窗前说:"孩子,看看这里盛开的花吧,它们多么美丽,多有生气。"果然,小女孩看到花朵盛放,感受到芳香之气扑鼻而来,还有小鸟在飞来飞去地叫个不停。顿时她心情愉悦起来,慢慢扯开嘴角笑了。爷爷抚着小女孩的头说:"孩子,你不快乐是因为你站错了窗子。我们在做任何一件事情之前都应该要想一想,哪一扇窗子才是适合你站的,哪一扇是不值得你去打开的,明白了吗?"

人生就是这样,有太多适合或不适合的在等待我们抉择。由大见小,记忆也同样如此,不适合自己的方法,就是我们不值得打开的窗子,我们即使再努力也没有办法去改变它,只好任由它带着我们的思绪起伏不定。这就是说,如果你想要达到对知识的记忆,想要快速地改变自己总是忘记的苦恼,那你就得换一扇窗子,改变一种方法。科学证明,正确的记忆方法会让你迅速记下你需要的内容,而且很有可能过目不忘。

我们都知道逻辑是可以让我们接受的信息得到记忆的,这就说明有效的逻辑本身就是记忆的一种方法。逻辑性的好处在于可以进行整体性的记忆,它比起一点一点地累加要好得多。比如,我们要记一个相对复杂、条目众多的概念时,分条逐步地去记忆势必烦琐,甚至还会产生理解困扰,但我们如果将这个概念的整体逻辑关系分为有关的与无关的,那再记起来也就容易多了。所以,凡事找一个顺理成章的逻辑,从中找到解决问题的答案,也就不必一个一个地去分析去记忆了。

在众多的记忆法中,有一种记忆法叫作定位记忆,据说这种记忆法足可以让你过目不忘。据说某一天，希腊的诗人西摩尼得斯正在参加一个聚会，这时有信使到来，他只好暂时离开房间。可是他刚刚从房间里走出来，这间房间的屋顶便发生了坍塌。整个房间的人无一幸存，而且被砸得血肉模糊，根本没有办法辨认哪个是哪个。于是西摩尼得斯便根据他们坐的位置来辨认谁是谁，成功地恢复了当时屋内的场景。从此，定位记忆法也被人们总结了出来：当你听说一个概念时，可以快速回想它的外形以及它记录页上的位置和信息提示等相关事情。我们在记忆一个知识点或一个问题的时候，就可以给这个点做一个记忆地图，然后用自己熟悉的路线进行标注。这时你要记下的就是图上最明显的标识，它和你要记住的知识点之间有什么联系。这样你就可以从一个点走到另一个点，从另一个点找到你要记忆的点。一个如此复杂的问题便轻易地被你记在了脑海里，它会让你每每想起那个标识便联想到那个知识点。

　　当然，除了这样的记忆之外，人们还总结了很多的方法，比如机械记忆法、归类记忆法、重复记忆法等。但我们要说的是，记忆的方法千变万化，从来没有最好之说，因为只有适用于你的才是最好的，但这仅仅代表适合于你，而别人又可能有着更适合自己的。所以，想要完成一次成功的记忆，想要对知识进行轻而易举的牢记，那就得去找对适合你自己的方法。相信在若干的方法之中，总有一个适合你。

上课做好笔记，课后做好知识回顾

　　大学的学习虽然已经变成了自主式的学习过程，却依旧不能脱离系统的学习方式，所以记笔记永远是我们所不能被摒弃的知识掌握方法。俗话说："好记性不如烂笔头。"这一直都是前人总结出来的颠扑不破的真理，而教育学家们则通过实践证明：一个会做笔记的学生，成绩总是好于那些凭大脑回忆来理解的学生。由此可见，做好一堂课的笔记非常重要，它对我们的学习有着直接的帮助。

　　但是，事实上会记笔记又记到有效而恰到好处的学生似乎并不多，哪怕是上了大学，我们很多同学仍旧习惯要么不记，要么事无巨细。那种什么也不记的同学如果不是天才，我们只好相信他的运气。可这并不说明用事无巨细的方式做笔记的同学有多好，他们往往一堂课写个没完，教授到底讲了什么，反而分不出轻重缓急了。这种笔记不是一次成功的笔记，要想做到听课、记笔记、日后复习方便三不误，掌握一种做笔记的方法势在必行。

　　想要记一堂好的笔记，一个空白的笔记本肯定是不可少，不要吝啬这点付出也不要嫌麻烦，所谓术业有专攻，不同的课不同的笔记本是必需品。有些同学习惯在书本的空白页进行书写，这样做有一定道理，至少很有针对性，可以少写很多字，但记多了未免就繁杂，不利于日后来复习使用。还是使用一个专门的本子可以分清条目与标识重点，简与繁、易与难全在自己的掌握之中。说到标识重点，如果可以准备两种颜色的笔就更好了，重点与详细之间进行区分，看上去一目了然，这对于自己是一次时间上的节省。

  有些同学说一堂课记太多会分散注意力，所以适当地做点儿重点记录就好。这是方法之一，它是以重点为记录对象，将概念、论点、结论、公式、定理等有总结性的部分进行记录，再加上关键词，用自己的语言去进行概括。这样确实非常方便也省力不少。但相信它只适合一些理解力比较强，又相对掌握了内容的同学。有的人往往在记完自己认可的关键词之后，却在回想中想不起这是什么出处，那这样的重点记录就不适合他了，还是换个方法吧。而老师可能还会推荐同学们使用提纲式记录，这种记录方法就像老师的备课本一样，它以当堂课内容为基础，然后将老师在课堂上讲的内容分成大小标题，再分条分句地进行区别记录。不同的标题对应着不同的层次与内容，有要点又有细节，相对来说是一次清晰又完整的笔记。我们从小到大，记得最多的就是这一种了。

  记笔记总是一件麻烦的事，有时同学们会困惑：笔怎么可能跟得上人的语速呢？当然跟不上，所以才有了所谓的速记。做笔记是完全可以用速记的，只要保持自己可以看懂所记的内容，能在课后主动地去修缮笔记的内容，那在课堂上如何记就是你自己的事了。而且记笔记是要以平常心来对待的，有些同学会因为没有及时记下老师说的内容，便心有所失，一直在想自己错过了重要的点，从而连后面的知识也没有办法听进去了。这种心态完全不必要，不用想都知道，在课后我们有一个自我检查的机会，如果有遗漏完全可以找同学或者老师进行补充，这样就轻松地解决问题了。

其实不管是哪种笔记、什么记法，只要是自己理解的就好，对具体的记录方法不做强制要求。关键是大家在听课的时候能很好地进行记录，毕竟一个人的精力有限，如果只一味地听老师讲课，等到下课之后可能你所记下的也就寥寥无几了。同时，记笔记是一次思想随着老师所讲内容一起运转的过程，老师讲到哪里，你就一定要听到哪里，如果思想上开小差，那你就肯定手忙脚乱了。所以说，一次笔记的过程又是让你集中精力、认真听讲的过程，对于学生的自我约束非常有好处。

最重要的是做一本好的笔记可以让我们在复习的时候轻松有利。我们在考试前，一般都会进行系统的复习，可是如果没有一本笔记，你所复习的重点是什么呢？你要背记的知识难点又在哪里呢？可见，笔记给了我们一个方向，有了它，我们才能更轻松地面对复习、面对考试。

当一堂笔记做完之后，你所要做的还有一个重点，那就是知识回顾。课堂时间有限，我们记下的笔记难免有所疏漏，这时如果根据课上的记忆及时进行整理，不但能达到更进一步的识记，而且还能完备笔记的疏忽之处。根据记忆规律，人在课后 24 小时之内重新温习所学知识，那记忆力可达到 80%的成功率。这就是说，想要加深对所学知识的印象，想要巩固当堂课的内容，及时地回顾与总结必不可少，它会让我们从短时记忆进入长时记忆，从而达到一个有效的学习目的。

选择适合自己阅读的课外图书

书籍是人类进步的阶梯,想要让我们的人生达到一定的高度,读书肯定少不了。不过,所谓读书并不仅仅是对课本的阅读,还应该包括对课外图书的阅读。在这方面,宋庆龄就有自己的看法:"作为学生,不但要学好各门功课,还要阅读一些课外读物,眼界开阔了,思想才能更加活跃。这不但能掌握前人创造的知识,还能大胆设想一些前人没有想过的事情或是没有解决的问题。"确实,因为课外阅读的有效性,有太多的名人被载入历史的不朽史册,被我们永久地纪念与学习。

俄国伟大的无产阶级革命家、作家车尔尼雪夫斯基就是众多喜欢读书的名人中的一员。他从小就喜欢读书,在七岁的时候,他已经可以自主进行书籍的阅读与理解,经常会一边吃饭一边读书。有一次,他坐在厨房边看书边吃饭,结果就忘了时间,等到母亲去厨房找他时才发现,年纪小小的他正因为故事中主人公悲惨的命运而哭泣呢。

大量的阅读让车尔尼雪夫斯基下笔如有神,所理解的东西与所写出的文章远远超出同龄的孩子,在中学时代便写出了《学习方法》这样具有方法与教育性的文章。他在文章里说:"知识就像一座埋藏着无数宝藏的大山,越往深处发掘,越能得到更加珍贵的东西。"等到他上大学的时候，已经因为阅读而懂得了七国语言，成了中文系的天才学生，而这并没有让他骄傲，而是促使他利用大学的有利读书条件，通宵达旦地去读自己没有看过的书籍，因此他被同学们称为"伏尔加河边的读书迷"。

课外书籍虽然与课堂上的课本不一样，但是它的好处已经众所周知。当我们步入了大学校园，图书馆那神圣的读书场所几乎可以迷倒所有人。如果我们不利用这种便利去进行一次内心的充电，倒是白白错过了大好的阅读时机。所以在空闲时、假期里，大学生应该尽可能地去图书馆坐坐，去找几本适合自己的书来看一下。当然，我们不提倡大家都像车尔尼雪夫斯基那样成迷成痴，因为现在的书籍种类繁多，还是要有针对有选择地看才更有利于我们进步。另外，别林斯基就说过："阅读一本不适合自己阅读的书，比不阅读还要坏。"不是所有的书都可以让我们进步，选择读书才是我们最正确的读书方法。

法国的思想家卢梭说过一句话："坚决反对死读书、滥读书，这就好比在海滩上拾贝壳的孩子，起初拾了一些贝壳，可是看到其他的贝壳时，他又想去拾，结果扔掉一些又拾到一些，乃至拾一大堆贝壳不知道选哪一个好的时候，只好通通扔掉，空着手回去。"这就告诉我们，当我们想要读一本书的时候，我们应该从中看到自己想要汲取的知识部分是什么，有针对地去读会让我们在知识积累上更加有效。因此，分类读书便成了我们有效的阅读方式。我们如果不知道一般要读的书是哪种类型，就要分门别类地进行甄选，每一类借几本，为自己设定一个读完的时间段，如此便可以非常好地安排上课与完成作业之后的空余时间了。这样分类阅读的好处就在于我们能对知识的系统性有一个把握，比如由浅入深，逐步上升。这种读法因为有连续性，有递进感，趣味就格外足一些，我们读得也就更加投入一些，比起这样一点、那样一点的读法自然要有效得多了。

任勇是1985年赴美留学的研究生，他当时的成绩是全国第一名，对于阅读他也有自己的选择，他说："从兴趣出发选择课外读物很重要。当时我只对物理感兴趣，所以我从中学时就开始读与这方面有关的书籍，《物理学的进化》、《物理世界奇遇记》、《量子史话》等都是我喜欢的，这些书有着动人的情节，优美的文笔，数学、哲学都包括在里面，为我的物理知识增长提供了很大的帮助。如今我一直保持这个习惯，读自己感兴趣的书。"相信我们每个人都有自己的兴趣爱好，那在这方面进行选择当然就更加容易一些。我们可以将兴趣和学习结合起来，从而形成两相促进的关系。如此，读一本课外书也能对学习有所助益，不就成了真正的磨刀不误砍柴工了吗？

余秋雨是我国著名的文学家，他对于读书又有着自己的要求，他说："读书应该着力寻找高于自己的'畏友'，使阅读成为一种既亲切又需花费不少脑力的进取性活动，尽量减少与自己已有水平基本相同的阅读层面，乐于接受好书对自己的塑造，我们的书架里可能有各种不同等级的书，适于选作精读对象的，不应是那些我们可以俯视、平视的书，而应该是我们需要仰视的书。"一位大文学者，将选择"畏友"书籍作为目标，坚持于挑战性阅读，所以他才一直处于上升的地位。所谓活到老，学到老，就应该是这样向着难度挑战的过程，而不是每天坐在一角独自享受肥皂剧般浅显无深度的文字。

虽然说选择适合自己的书没有一定的规则，各人都有各自的习惯与标准，但肯定是以让我们读懂又能增长知识，还乐在其中为主的过程，要不它就失去了阅读的乐趣。选择我们感兴趣的书籍来阅读，那么阅读就会很自然地让学习有趣且高效。这就是最适合我们自己的书籍！

今天的事情今天做，今天的作业今天做

虽然我们一直在长大，在进步，可很多小时候的习惯往往却得不到改正，比如事情拖着做，今天的拖到明天，明天的拖到后天。这种心理像是一种没有办法除去的胶着物，一直与我们长在一起，哪怕已经上大学了，哪怕日后工作了，它都会一直在。这个时候，我们已经完全忘了"明日复明日，明日何其多"的教诲，我们用各种理由、各种借口来安慰自己，来搪塞任务，最终将需要完成的事都堆到了后面，并越堆越多。我们的生活因为这种拖拉而改变，我们很多原本可以得到改善的事情也没了希望。于是总听到有人这样感叹："天哪，我该怎么改变这种拖拉的毛病啊？"

有一个已经病入膏肓的人，他苦苦思索着自己那些未完成的事情，感觉之前浪费了太多的时间。他想起直到现在，他还没有时间好好回味一下自己这一生的所作所为，现在他呼吸越来越困难，他想是时候为自己做个总结了。可是，就在这时，死神悄然而至，他对病人说："你的

期限已经到了,快跟我走吧。"病人慌乱起来,说:"请行行好,再给我几分钟时间好吗?"死神说:"你想用几分钟时间来告别吗?"病人说:"我想用这仅有的几分钟来想一想自己的一生,回忆一下自己的亲人与朋友,如果有可能,我还想看一眼正在绽放的花朵。"

死神冷笑着说:"你的想法真不错,可惜我不能同意。"病人高叫:"难道你就这么无情吗?在我人生的最后时刻,这几分钟都不肯给我?"死神板起面孔,严厉地说:"不是我无情,是你自己不知道珍惜,你到今天为止活了六十岁,请你想想哪一天你是积极度过的?你有三分之一的时间在睡觉,却在剩下的时间里极力地拖拉成性,人生早已经可以进行总结,花开花谢,亲人、朋友都完全有时间打理与关照,而你又做了什么呢?哪一件事不是找借口,推责任?你在用懒散对待自己生活的时候,你的时光已经离你而去了!"说到这里,死神再也忍不住愤怒,一挥手大叫道:"我不能再列举你的恶劣了,总之你就是个对时间没有概念、得拖就拖的人。"说着就去拉病人,可病人却早已经停止了呼吸。死神默默地看着病人好一会儿,才说:"你总是这样拖拉,最后却只能后悔死了事。"

这个病人会是我们日后的写照吗?一个将自己的人生放在第二天的人,他的未来能有多光明?这想想就可以知道。我们每个人都很累,每一天都很忙,可是这不代表我们有理由去放弃当天需要进行的事情。人生所有的事情,都只有做或者不做、点头或者摇头的区别,我们就应该对着需要进行的事情点头,用尽所有的力气去将它做完。因为明天还有明天的事,明天还有不在预测之内的事。我们简单地将今天的事情交给明天,那就等于将自己的人生抹去了今天的意义。明天是什么呢?那之所以是一种希望，是因为它的遥不可及。听说过那个小故事吗？一个乞丐到处讨吃的，天天过得饥一顿饱一顿。他突然有一天在一家饭店门前看到这样一张广告："明天吃饭不要钱。"于是他便想："明天可以白吃，我今天为什么不饿一会儿呢？"于是他守在饭店门口等明天，结果第二天他要进饭店吃饭的时候却被挡在门外，理由是他没有钱。乞丐大惑不解："广告上不是明明写着明天吃饭不要钱吗？"店主笑着说："是的，是明天吃饭不要钱，不是今天。"乞丐呆呆地看着那张广告牌："明天是永远不会来的。"

是的，明天是不会来的，你所浪费的今天都将是现实，而你期待的明天不过是一种自我安慰。你有没有明天没有人知道，可是你有没有今天却众所周知。我们为什么要守着真实而期待明天的不可预期？又为什么不将今天的事情在今天结束？恐怕只有你自己才最清楚：你在期待一次改变，可以将今天的事情变成没必要，于是你便可以不用做了，解放了。这种自欺欺人的想法是每一个拖拉者的座右铭，正因为如此，他们才越来越拖拉，越来越不现实。

其实，想要改变这种拖拉的习惯真的那么难吗？这真的没什么大不了。成功的人之所以成功，无非是今天的事情今天做完，今天还要去想明天的事。成功没有什么秘密可言，它要的就是脚踏实地，就是一次说做就做、说完成就完成的坚定。当你想要将今天的事留到明天去做的时候，你是不是想到了成功者的坚持？如果你只看到成功者拥有的鲜花，却看不清他们擦去的汗水，那你就永远也没有成功的机会了。

想要摆脱拖拉，想要走近成功，我们能做的事就是今天的事情今天做，今天的作业绝不留到明天！当我们有了这样坚定的信念，并真正地付诸行动时,我们才会认真对待自己的作业、功课,乃至人生的种种。只有这样,我们在未来的时间里,才不会有所后悔,有所怨怼。因为我们一直努力地学习、生活着,一直努力地对待着自己!

英语不能死记硬背,要找到渠道练习口语

这是一个与国际接轨的时代,英语成了我们每个人必不可少的与人交流语言。而且非常现实的问题是我们不拿到英语四级、六级的证书,那我们可能就没有办法找到理想的工作。至于出国留学,那就更不用说了,你连语言都不通,过去还能学什么呢?所以,英语成了每一个大学生所面临的想绕都绕不过的难题。有很多同学不得不起早贪黑地背个没完,写个不停,可事实是,背得不少,写的时间也不短,最终记下的却寥寥无几。是我们太笨了吗?不,肯定不是,我们之所以攻不下英语这道难关,重点还在于没有找对学习的方法。

事实是,学英语最好的方法就是要练习口语。只要口语练对了,一切就都水到渠成了。而口语练习又有很多种,性格外向的人完全可以到校园里,到大街上高声地用并不完全标准的英语讲话,而性格内向的同学,为什么不对着美剧来一次模仿呢?反正你一个人面对着画面,他说你也说,只要找到了感觉,你的英语也就进步了。学习英语可以说也是

一次发散思维的过程，当我们遇到一些事情，一些可以用英语表达的话，就完全可以试着用英语来完成，不要管发音标准与否，重要的是你一吐为快的欲望。这和唱卡拉 OK 是一个道理，开始你或许会跑调，会没有技巧，可是多唱几次就完全不一样了，熟能生巧从来适用于任何学习。

另外，学英语绝不是短时间就可以解决的事，我们要有一个反复读说的过程，大量地去读，去背，去将"语法转化为语感"。这样也就可以对英语口若悬河了。有些同学在课堂上感觉英语还行，真的到了生活中就羞于说出口，这对于学习英语没有一点好处。我们要学英语，还要让英语有用武之地，这样才能将英语学好。一把锋利的刀，如果长时间不用，就难免会钝，不是吗？

如果大家还会为这种练习口语的渠道有限制而苦恼，那就不妨尝试一下前面说的方法，因为练习口语根本就没有硬性的规则，只是看是不是适合自己而已，有的同学就是要一个人才能说出口，那怎么办？当然要练，要找没人的地方练，等到练到一定级别了再找有人的地方练，总之就是大胆地将英语这个"害羞的姑娘"送到大家的眼前来。至于本来就想大声读的同学，那当然也好说，找几个志同道合的同学一起，在寝室、在校园、在任何一个你们认为是主场的地方就可以开始了。有的同学有外国朋友，那就恭喜你近水楼台了，这种能够将日常交往也当成口语练习的过程比起特别去练更是事半功倍呢。至于还有哪些方法，就要靠不同的个体去各自体会了，找到最适合自己的才是最重要的。

学习英语就是要让它成为为我们服务的工具，只要掌握了使用的方法，它也就乖乖地臣服于我们的手下了。用学习其他科目的速度来练习英语，用学习英语的决心大声阅读英语，一天一小时，用不了多久，保证可以让你的英语像汉语一样出色。

多与同学交流，接受新的思维

进入大学，我们发现这样一个有趣的现象，朋友之间可以同行，熟悉的同学之间可以来往，而互不相识又无需要的同学则可以相安无事。这就像住进筒子楼的邻居，你过你的日子，我上我的班，谁是谁并不重要。这种生活有一种"井水不犯河水"的超脱感，但却也让大学的生活多少有些单调。甚至有同学开玩笑说："当到了拍毕业照的时候，突然发现里面多出好些陌生人的面孔来。"这直接说明一个事实：在大学，我们并不以打成一片为荣，而是各自顾着各自的时候更多。

刚刚进入大一的王菲，第一周感觉大学生活很好玩，忙个不停。第二周感觉有些新鲜，与之前的生活完全不一样。可是从第三周开始，她觉得很无聊，上课总是没有固定的教室，也没了固定的同桌。同学之间也不是天天见面，因为大家并不是相同的课程安排。虽然有集体活动，但不是这个不参加就那个不参加，再说活动本来就少得可怜，想要通过它来认识大家就更难了。结果，一学期结束，王菲发现自己连全班同学的名字都叫不全，这让她真是无奈又苦恼。

相信有王菲同学这种困惑的人不在少数吧？人们生活节奏快了，学校学习方式变了，于是同学之间就成了可有可无的关系。班级活动少，寝室范围小，这种现状让大学生们更加怀念小学、初中甚至是一心为了考大学而奋斗的高中时代。那个时候，至少还有同学一起诉诉苦呢。现在更多的是你走你的阳关道，我过我的独木桥，大家都在为自己的未来而奋斗着，完全忽略了其他。

其实，这样的现实从侧面反映出一个人的交际能力问题，当我们抱怨着大家谁都不友好，不热情的时候，自己是不是主动热情待人了？与其在拍毕业照的时候发现谁都不认识，不如从进大学开始就有意识地进行主动沟通。

多与同学进行认识、交流、沟通，好处是很多的。在自然界里，我们会发现群居的鸟类学习东西会更快一些，而且它们的存活概率也远比独处的动物要高很多。这都是交流的作用，这也适用于我们本身，因为交流的过程可以让我们共享知识，共享是一种发现的过程，是一种提高的必经之路。当我们与同学们进行良好的交流时，会发现自己与别人不同的地方，会从别人的身上看到自己的不足，于是我们开始改变自己，努力地提高自己，从而让我们有了新的成绩与成长体会。

另外，学校是一个信息相对发达的地方，你一言我一语的交流就足以让这种信息不用网络也传达到底。团队中的我们会习惯将集体的智慧运用到自己处事的过程当中，这提高的不再是简单的成绩，更是思想的开发，它给了我们启发与灵感，让我们接触到了来自自己以外的想法与思维。苏联心理学家维果茨基在"建构主义学习"理论中说："人的高级心理机能只能产生于人与人之间，即人的社会互动之中。"由此可见，我们想要得到这种高级心理机能，所要做的就是与同学打成一片，就是将自己融入同学们之间去，用自己的观点和思想去与大家进行碰撞。当碰撞产生，我们便有了反思与完善，这就是知识的建构了。

有思维研究者发现，思维的发展首先是以智力为中心的，其次便是同学之间的交流与讨论所带来的，研究提到："任何理论的和非理论的冲击都不可能如学生间交流重要。"同学之间你来我往的交流就是一种信息的互换，而这些信息便更新了知识结构。当我们与同学聚集在一起，因为一件事或一个人各抒己见的时候，我们的思想早已经被不知不觉打开了思路的大门，将学习的潜能调动出来，从而产生了新的思维模式与对应心理。不但如此，同学之间的交流还是一种社会的实践过程，它对于我们说、听、反应及参与、理解等能力都是有提高作用的。而事实证明，一个新观点的诞生，往往就是因为外界的不同声音所引起的，它对我们思维的刺激和对灵感的启发悉数被反映到接收者的大脑里，然后接收者才在这些声音的反馈下做出了自己的新决定。

作为一名大学生，我们虽然要以学习为主，但我们也需要为培养自己的工作能力而努力。在未来工作中的种种人际关系都需要人与人的交流，而在未来的各种工作中，更需要思维创新的能力。所以我们现在应该努力与同学进入良好的交流中去，完善自己思维能力创新的过程，达到人与人之间有效沟通的目的。

多与教授交流，突破思维的关键点

英国的心理学家托尼·布赞说："人的大脑像一个沉睡的巨人。"他认为那部分一直沉睡的大脑是需要我们去开发与挖掘的，并且给出了一个非常惊人的数据：一个正常的大脑可以记下的知识总量约合6亿本书。这个数据换成最有形的比较，那就是超过一台大型电脑储存量的120万倍。可是这样的一个大脑，我们使用率又是多少呢？有研究证明，就算世界上记忆力最好的人，他的大脑使用也没有达到大脑功能的1%，这完全就是低度开发，就是浪费我们自己的能力与智慧。这也可以得出：我们并不是没有成功的机会，而关键在于没能突破禁锢了的思维空间，没能将大脑沉睡的部分唤醒。

在美国，有一个以乞讨为生的乞丐，他每天过着属于自己的简单快乐的生活。可是有一天，他遇到了赫赫有名的比尔·盖茨。乞丐虽然以乞讨为生却并不是对世界一无所知，他非常了解比尔·盖茨对慈善事业一直出手大方。于是他立刻走上前去，对比尔·盖茨说："'首富'先生，看在我贫穷的生活的份儿上，就给我点儿钱吧。"比尔·盖茨停下脚步，看着眼前这个四十多岁的乞丐，想了一下说："那我应该给你一块钱还是一万块钱呢？"乞丐马上说："当然是一万块，因为一万块对你来说就相当于一块钱而已。"

比尔·盖茨什么也没有说，直接拿了一块钱给乞丐，然后又从包里拿出一个小本子，飞快地写着什么，没一会儿便好了，直接递到乞丐的面前，说："这就是9999块，和刚刚的一块加起来刚好是一万块。"乞丐以为是支票，他迅速地接过来，却发现那只是一句话："用知识武装你的头脑，用大脑去致富。"乞丐一脸苦相地说："我哪有什么知识，我的大脑里只有如何去问别人要钱。"盖茨却说："每个人都有不同于别人的大脑，你也一样。"说完之后离开。乞丐站在那里想了很久，他觉得盖茨说得很对，于是果断地在当地注册了一家乞丐公司。如今，这个乞丐已经身家过亿了。

由此，我们便可以看出来，不是每个乞丐都天生地要讨饭，而在于你是不是打开了自己大脑的有效思维进行思考与发现。我们现在正是深入学习、突破固定思维的时候，如果我们注重开发便可以达到自己理想的高度。当你感觉遇到瓶颈，遇到无法突破的困境时，不如多向自己的导师进行咨询。而与授课的教授多交流也同样可以突破自己思考问题的方式局限，不管怎么说，教授们的思想高度总是高出我们的，他们脑海里的很多东西是经历了时间与事实的积累而得到的经验之谈。与教授做良师益友，也就相当于给自己找了一份知识资源宝库。

当然，想要与教授进行良好的沟通与交流并不是人人都可以做到的，这要有意识地去锻炼自己才行。比如上课的时候多坐第一排的位置，让教授可以发现你的存在。只坐在角落里的学生本身就是不自信的，教授怎么可能去用目光寻找你的需要呢？另外，我们也可以多帮教授做一些有关科研的工作，哪怕是打打下手，都有利于让自己与教授接近。如果我们将这看成一种功利的话，那也未尝不可，但我们应该记住一句话，这个世界上没有什么不是为了被利用而存在的。所以，你完全不必为了自己的有意靠近而心生芥蒂，教授也绝对不会因为你的"帮助"与"讨好"而心生厌烦，他们只会把你看作虚心好学的好学生。

与教授交流也许不仅仅是出于学习上的探讨，有时就算是与教授说几句话便可以获得思想境界上的提升。因此，我们没必要将与教授交流当成多大的问题，哪怕是聊聊天，说说自己的愿望，这就足够了。聪明的人自然会在教授的言语间得到启发。与教授交流和与同学交流还有所不同，一方面这种锻炼是一种对人际交往能力的增长，另一方面又可以有效地提升自己思考问题的能力，打破自己固有思维去面对问题并解决问题。所谓"世事洞明皆学问，人情练达即文章"，一个教授所经历的、知道的是我们作为学生永远不可能想象的，所以这种交流更充满了思想上的深度。大学生活不应该只沉浸于天真清纯的想象之中，要多看社会的现实，提早进行自我突破，这才有利于走上社会后的轻松以对。从今天起，走向你身边人情与学问都已经精熟的教授，真心地"博学之、审问之、慎思之、明辨之、笃行之"，这是你进步的开始。

第五章

学会思考,实践我们的「中国梦」

学会发现问题，这是思考的源动力

我们都知道，毕业之后有没有好的发展不仅仅在于成绩的优秀与否，更要看你是不是一个有创新意识的人。因为现在社会的发展需要创新型人才，那些敢于创新、勇于创新的人最终都得到了真正的发展空间。而一味按部就班的人，则永远只能跟在别人的身后，碌碌无为。但是，想要创新，就要有发现问题的眼睛，因为一切的思考都来自于问题的出现，这就是一个创新的切入点，当我们发现了问题，才会去思考，而思考的结果则带来了全面的创新。爱因斯坦就说："提出一个问题往往比解决一个问题更重要。"

当年，在罗斯福竞选美国总统的时候，竞选办公室特别为他做了一套宣传册。可是当这套宣传册制作好之后，一名工作人员却发现了一个重要的问题，原来在宣传册里有一张照片存在着版权的问题，它的版权属于某家照相馆。如果这张照片处理不好，就会惹来版权纠纷，这势必会干扰到罗斯福的竞选。有人说可以去找这家照相馆进行收购，只要价格合理，就完全可以将版权买回来。

　　竞选办公室认为这个方法有一定的局限性，如果照相馆借机抬价，又或者不肯出售，事情倒不好办了。于是他们经过认真思考之后便给这家照相馆发去了一张通知书，说罗斯福竞选总统的宣传册已经做好，里面包括好几家照相馆的作品，而贵照相馆的一张照片也在备用之列。但因为参选的照相馆有点多，所以竞选办公室要进行一次宣传机会的拍卖会，谁出价最高谁就拥有这次为罗斯福宣传的机会。果然不出所料，这家照相馆很快就将自己的投标书与支票送来了。如此，竞选办公室不但没有侵权，还额外得到一笔收入。

　　这就是一个发现问题并经过思考而解决问题的完美故事。没有这个发现，罗斯福的总统竞选很有可能被改变，而没有思考，竞选办公室有可能就要重新制作宣传册。但正确地发现问题、思考问题却让问题得到圆满的解决。其实这里的"问题"绝不是单纯的对与错的问题，而是指事物之间的矛盾。我们只有学会发现这种矛盾，才会了解自己学习上的不足之处，了解哪些是合理的，哪些又是有障碍的。找到了它们，我们的学习只会因为经过思考而变得更顺畅，而我们解决问题的能力也只会更强。因为这给了我们思考的机会，让我们认识到了与常规不同的情况。

　　有的同学是害怕发现问题的，抱着一种得过且过的心态，认为发现了问题就得重新来做，重新出发，不如睁一只眼闭一只眼地放过去。殊不知，这是对事物的侥幸心理，更是对自己的欺骗。如果没有问题就不可能有进步，思考会让我们有所突破，有所创新，而创新与突破就是解决一个问题的能力。想要获得成绩，我们就必须具有发现问题、面对问题的勇气。

同时，在发现问题上也是需要能力的，我们不可以随便地将正确的事情看作问题，那样顶多只是一次无聊的遐想，这于解决问题不利。想要提高发现问题的能力，就得多看多学多了解，要培养自己的探索意识。当我们在学习中、生活中意识到了一些问题的时候，要积极地去进行思考，这种心理会让我们的思维更加积极。当不断提出问题并思考解决之道的时候，我们的思维也就得到了有效的锻炼，从而使创新的能力得到提高，问题得以顺利解决。

努力地去做一个善于发现问题的人吧，这是让我们学会思考的开始，这是让我们学习的动力。任何一个优秀的人，必定有着对人生对世事的经常性思考，在思考中锻炼自己的思维，在思考中寻找问题的解决方案，在思考中完成学业……这一切都离不开问题的发现。

面对自身问题，不能讳疾忌医

我们常听的一句话就是：知己知彼，百战不殆。如果想要有超越就得有认识别人、认识自己的能力。可现实是知彼易，知己难，很多人的眼睛时刻盯在别人的身上，却对自己视而不见。这并不是说自己不了解自己，不能看清自己，而是自己有时会很难勇于拆穿自己。也正是因为如此,所以常有贤者说:"人最重要的是要有自知之明。"当我们面临着抉择时,当我们遇到问题时,如果可以从自身出发,可能问题解决起来更容易一些。可我们却不愿意去审视、了解自我,对有些事情不愿去面对,不敢去发现,从而产生逃避心理,这就是所谓讳疾忌医。

1981年7月17日,在美国堪萨斯城的凯悦酒店正举办一场两千人的大型舞会。就在人们正全情投入激情舞蹈的时候,酒店上方的两座空中行人桥却突然发生断裂坍塌。高层的行人桥首先断开,然后砸中了低层的行人桥,接着低层的行人桥直接砸到酒店的大厅里去。事故当场造成了一百四十人死亡,而伤者不计其数。刚刚的一片歌舞升平瞬间变成了人间惨剧,实在惨不忍睹。

事故发生之后,有关部门迅速对行人桥的施工做了调查。结果发现工程在进行的过程中,设计被修改过一次,因此而耽误了进度,只得赶工赶时。但在赶工的时候,修改过的设计将连接行人桥的吊杆承受荷载增加了两倍,这是行人桥重要的支撑结构。当时工人们在行人桥上运送材料时就说:"走在上面总感觉到摇晃,特别是有重型材料运过时,振动得厉害。"可是施工经理却为了赶工时而不去检查问题,直接让工人们去走另外一条路线。如此,行人桥按时完工,却在短短的时间内便造成了伤亡惨重的事故。在这场事故发生之后,有很多与这次工程相关的工程师被吊销执照,施工单位为赔偿受害者付出一亿多美元。

一个人如果因为麻烦而不想面对自己的问题,那他所付出的代价就肯定要远远超出麻烦所带来的问题。一个真正优秀的人,贵在对自我的正确审视,贵在发现自身问题而及时解决问题的决心。一个只知道埋头前进却忘记自省的人,最终都难免会碰壁。因为他们不懂得用回头的方式来看待过去犯的错误,也不懂得面对失败而应该担负的责任。失败固然可怕,可是不敢面对失败才是最大的可怕,它让我们从一个站着的人直接倒地不起,让我们看世界的眼睛直接闭着不敢睁开。

所有的人都是如此,当我们认为自己很好的时候,便往往会忽略自己的不足。人从来就是矛盾的动物,一面说着人无完人,却一面自我感觉良好。用自我检讨来发现自我不足,用自我不足去推动自我成长,这才是一个真正大学生应该有的自我扬弃的内省行为。我们的成长离不开自我认识,我们的改变离不开自我内省,我们的提高更离不开自我觉醒。

古希腊哲学家亚里士多德说:"对自己的了解不仅仅是困难的事情,而且也是残酷的事情。"当我们对外界有着公正认知的时候,不妨也将治病的手术刀伸向自己,认真地、冷静地做一次自我剖析。这时我们才能发现自己的不足,才能找到自己的缺点。所以,丢掉所有借口与修饰,去大胆地面对自己吧,哪些是错的,哪些是对的,认真分析,努力更正。这会让明天的我们更强大,让未来的我们更客观而真实。

教授说的不一定对,学会批判性思维

很多时候,我们总是佩服那些敢于说话的人,但我们之所以佩服他敢于说话不是因为他敢于说废话，而是他敢于提出自己不同的看法。我们的课本中就曾经有过很多这样敢于挑战权威、勇于批判错误认识的名人，他们对一些"既成"的道理进行批判，最终成就了自己的理论，比如哥白尼、伽利略，等等。这种行为本身就可以证明他们是自信的、勇敢的，他们的理论是超前的，也正是由于这种挑战权威的行为，那些"既成事实"才得到了重新定义，他们才被世人所推崇。

其实这对于我们学生来说是一个非常好的启发，如果我们敢于像挑战权威坚持真理的名人那样去思考问题，去批判现实，那我们也就代表了某种新意。有人说创新本身就是在尊重别人的研究成果的基础上，用自己批判的眼光看到的问题。这是一种敢为人先的精神，更是一种不拘陈规的勇气。而我们的社会发展正缺乏这种勇于创新的人才，作为大学生，我们便应该学会批判思维的运用，肩负起社会发展的重任。

批判性思维其实并不深奥，它不过是一个让我们用积极态度面对问题的过程。它并不是别人眼里认为的反对，不是一味地唱反调，我们没有必要把它看成标新立异。因为我们的批判性思维是考虑问题合理性的，它虽然要推翻一些事实，可是却会从那些事实中证明新的被认同的理论。它更多的时候像是一个不知疲倦的斗士，以自己的奇思妙想去对待有问题的理论与陈规。这有什么不对吗？可以肯定地说："没有！"会学习的人，懂得学习的同学都会意识到，批判性思维的出现就如同为我们的学习指明了一个方向一样，它让我们更加清醒地认识到自己的现实状况。

美学家朱光潜说："再平凡的想象也有几分创造。"这就是对于批判的认可，首先要敢想，其次才是实际操作。这与胡思乱想有着本质的区别，因为胡思乱想本身就是没有后路可以退的过程，虽然可以独到但肯定没有见解。而我们批判，我们敢想敢问却是凭着深思熟虑的结果出发的，当然会具有一定的可探讨性。相信有很多同学都自问过："我们教授的言行都是对的吗？"当然不是，可是你为什么不朝着这个方向去考证一下，然后再提出来呢？《资治通鉴》中有句话叫"经师易遇，人师难遭。"人师固然有着知识的渊博与前沿性，但却不敢保证他所掌握的知识或理论都是正确的，如果你能从教授的学术上发现问题，那只说明你是一个有想法敢于进行思考、又有一定深度的人。事实证明，那些敢于与教授进行正面辩驳的学生，哪怕想法最后被教授推翻，他们最终依旧受益匪浅。不要怕教授恼羞成怒，有学问的师者往往都虚怀若谷，而且为师多年，各式各样的学生都见过。当你大胆阐述自己的想法与观点时，可能教授会对你另眼相看；就算你的批判并不被认可，但教授的反证便是对你最好的教导，你心里的问题解决了，印象也随之加深了，这就是敢于批判所带来的好处。

　　学术如此，生活也如此，为自己的大脑多存一个问号，对前辈敬而不畏，对教授尊而不迷，这才是让我们努力前进的最好方式。而学会了批判性思维的我们也会因为清楚的问题路线而去寻找正确的逻辑，在一定领域里得到提高与发挥，这就是创新的阶段了。不过批判性思维的培养是需要一些方法的，首先，一个问题是否可以进行批判要看你理解的深入与否，如果你自己对这个问题都不理解，那又如何去评判别人的观点呢？其次，我们要有接受别人批判的精神，当你想要探讨一个问题的时候，就不能让自己的问题成为一家之言，不然不可能得到别人的认可。任何一个问题都是经过了各个方面的证实才最终得出结论的，所谓百家争鸣正是如此。最后，从好奇的角度出发，往往更容易抓到具有批判性的问题，因为好奇，我们才会有动力去发掘新理由，这就是具有批判性思维的前提。

可以这样说，学习的过程就是一次创造的开始，而它更多的是批判、选择与质疑的过程。想要得到探索性的体验，就得对学习具有批判精神。批判本身就没有对错，但却可以很好地让我们增加毅力，培养坚持与自信精神。千万不要被嘲笑与失败吓倒，比权威的人弱并没什么可怕的，会失败也不要紧，重要的还是看我们是不是有这种精神去表达自己的想法。雕塑家罗丹说："珍惜每一次激情的冲动吧，这便是生命的意义！"作为大学生，我们就要有这样的敢于挑战、勇于创新的批判思维，将那些依着葫芦画瓢的时代远远抛于身后，开创属于自己的全新时代。

尽信书不如无书，怀疑精神你要有

我们每个同学都知道，伟大的无产阶级导师马克思的座右铭是："怀疑一切。"这就是说，这个伟大人物的身上有着比别人更多的质疑与猜测精神。可是这没有让他为怀疑所累，而是让他成为领导人们思想的巨人。怀疑在有些时候可以成为我们前进的动力。如果你将它放在对人的诚信上去，肯定会让你无法前行，可是如果你将它放在对知识的认知上，就会发生截然相反的现象。早在两千多年前，孔子便已经发现了这个词的妙用，所以他要求学生与自己"每事问"。"每事问"不是对所有的事情都以一个不懂的原则去对待，而是以对与错的开始为基础的，所以，"疑是思之始、学之端"便成了孔子与学生们在学习上的动力之源。

我们学习是为了增加新的知识，如果我们只一味地信奉与遵从，那么也就失去了自己的发现。如此，我们又如何去面对知识的更新与创造呢？我们不会对某些问题无条件接受，也不会对它极力反对，用辩证的思想，用怀疑的态度去了解，去发现，然后去接受，这才是增长知识，并不断掌握知识的方法与原则。

曾经有一个年轻的犹太青年，他与朋友前往美国的得克萨斯州。当火车路过一片荒野时，人们的眼里出现了一座孤立于荒野之中的平房。这个地方正好处于铁路的转角处，所以火车前进的速度变得很慢，大家全神贯注地看着这座平房，感觉它成了荒野中的一道风景。这种感受让青年突发奇想：这座房子如果被开发一下而利用起来，不是很好吗？他对自己的朋友说要去找一下这个房子的主人，谈一笔生意。朋友却说："你疯了吗？这个地方如此荒凉，是不可能有商机存在的。"青年说："难道地方荒凉就不会成为商机吗？我倒想试试看。"

于是，青年在火车靠站时提前下了车，直接返回去找那座房子的主人。而那座房子的主人正因为自己的房子而忧心不已，因为每每火车经过，便又是鸣笛又是减速，噪声让人不胜其烦。青年便与主人以三万美元的价格达成了协议，成了这座房子的主人。拿到房子之后，他开始思考，在这样的地段，这样的一个硬件标准，它最适合用来做什么。最终，他认为这个房子可以做成立体的广告牌。想好之后，他就开始寻找一些大型的公司进行谈判。最终，可口可乐公司看中了这个地方，以三年十八万美元的费用租下了这座房子的外层，作为广告牌使用。

一个人如果只附和别人，别人说什么他就听什么，不去怀疑不去思考，那就没有任何主见可言了。只有会怀疑的人，才会生出新的思考来，而这思考将推着他走向真理。做事要有这种精神，读书要有这种精神，老人要有这种精神，大人、小孩子都应该有这种精神。一味死读书的学生，永远学不到属于自己的知识，而一味相信别人的人，也将绝不可能有所建树。孟子因此提出"尽信书不如无书"的观点，这绝不只是一个打问号的过程，更是鼓舞我们大步向前，解决问题的开始。怀疑让我们变得更具前瞻性，它总是让我们比别人更早一步发现新意。

怀疑与接受从来都不矛盾，我们并不是不去接受别人的观点与看法，也不是对知识有疑义，只是我们想要经过自己的验证来证明这个结论。这是一种自我寻求答案的精神，它不但有助于发现，更让学习得到飞跃式的进步。学者陆九渊就说："为学患无疑，疑则有进，小疑则小进，大疑则大进。"为了更好地学习，为了更大的进步，我们应该从怀疑开始，应该用正确的眼光来看待怀疑精神，从而得到属于我们自己的那片知识天空。

对自己的一言一行要三思而后行

作为大学生,我们之所以一下子觉得自己长大了就是因为感觉自己可以为自己做主了,很多事我们可以按照自己的想法去行动,去办理了。这是一种走向独立、走向成熟的标志,意味着我们终于可以成为一个有完全独立行为能力的大人了。不过这种感受在大学期间,更多的是内心的一种渐变,它没有体现的结点,所以有时候我们对自己已然独立、已然长大这件事还有些弄不清楚,说话办事总是随着自己的性子来,对待问题更多的时候意气用事。事实证明,这样的我们还没有高度全局性思考问题的系统思维,我们将会在未来的学习中、工作上而引起很大的麻烦。

小肖是某大学四年级的学生,因为学习成绩好,为人又热情,所以在一家公司找到了实习的机会。这天,他的经理要去见一个重要的客户,结果很不凑巧,小肖打印的资料其中的一页怎么也找不到了,只好临时再调出资料补一份。害得经理急忙忙地赶出去,却因为车子超速被交警开了罚单。当经理将这件事处理完,客户那边来了电话,说自己有事不能等了,所以经理不用去了。经理非常生气,他黑着脸回到公司,直接将小肖叫去办公室,劈头盖脸地将小肖数落了一通,说:

"没有一点专业水平,打印份资料也能漏一页,耽误了重要客户,你负得起责任吗?"

小肖自从进公司对每个人都非常热情,而且当时打印资料也完全是帮前台工作人员的忙,没想到就出了这样的事。所以,他就想对经理解释一下,可经理根本不给他说话的机会,从头到脚数落得他忍无可忍。小肖一肚子的气无处发泄,结果出经理办公室的时候,一脚将办公室的门给踹开了,可谁也没想到这时总经理刚好来经理办公室,被小肖大力踹开的门一下撞到脸上,鼻子都流血了。总经理什么也没说,直接让人把小肖给打发掉了。

每个人都会有小脾气,每个人都有自己发泄的方式,但作为一个走向成熟的年轻人却一定要有约束自己一言一行的能力,做事三思而后行,否则后果可能会让你后悔莫及。网上流传这样一句话:发脾气是本能,控制脾气是本领。我们之所以可以独立,可以走上工作岗位,是因为我们已经具备了控制脾气的本领,如果我们一再地放任自己,那还谈何成熟?又如何去与同学、与同事做良好的沟通和交流呢?

言行彰显了一个人的素质,作为大学生,我们应该有这种不盲动、盲从的能力。我们受过良好的教育,我们有着分辨事物、确保自己向着正确方向发展的修养,所以对待事情总是要先经过思考,再做出相应的回答。约束自己的一言一行从本质上也是一种以身作则的行为,所有的成功人士必定有着凡事细思、言行得当的本领,所以他们才富有非凡的个人魅力,才为大家所认可。对自己的言行负责,也就不仅仅显示你的优秀素质,还关乎你对于责任的认可和承担。一个在言行上不忽略轻重、大小的人,对任何事都会是负责的,这样在未来的工作中也才会堪当领导。好的言行、细致的处事态度就像一颗正能量的种子，它会迎着阳光向着高标准成长，最终将我们推向自己人生的春天。所以，请同学们严格谨记，约束自己的言行，凡事三思而后行。

成功了，要懂得总结经验

对于我们的人生来说，成功地进入大学的校园，意味着我们已经取得了初步的成绩。可是，当大家在内心享受这份甜蜜与美好的时候，有没有人想过自己是如何考取大学的？高中那三年的奋斗生活又有谁还一直延续着？几乎所有的同学都不约而同地说："终于考上大学了，终于可以轻松了，让高中生活见鬼去吧。"但大家想到过吗？大学不是人生的终点，知识并没有因此而减少。我们如果想要继续获取读研究生的机会或者好的工作机会，就得再接着努力，而不是书本一扔，只待四年之后重新开始。

曾经有一个同学这样说："如今让我再过一个月的高中生活我都不能承受。"这无疑是一种精神的退化，至少说明你在大学过得太过轻松了。成功往往是这样，让人变得失去自己，让人变得放任一切。于是，在下一个冲刺到来的时候，成功转身离去。能将这一刻的放松称为成功远离的代价吗？这样的代价是谁想要的？如果你不想要，如果你想继续成功,那就得对自己有一种认识,对成功有一种总结。

　　向前推两千多年,儒家文化的创始人孔子的弟子曾子说:"吾日三省吾身。"这句话的意思我们中学时就懂了,一个人只有不断地总结过去、反思自己,才可能提高自我修养,才可能培养超强的能力。所以,我们在成功的时候应该高兴,却不能忘了总结经验、检验自我标准。胜不能骄,才能一直保持胜利。人生与事物一样,总是处于无常的变化之中,想要从容面对变化,想要在百变中不失去成功的机会,就得学会自我反省与总结。佛家说:成有可能转为败,得有可能化成失。如果我们不能正面总结成功的经验,不能从自身寻找远离成功的原因,就真的离成功越来越远了。

　　当然,一个人除了时刻总结自己成功的经验之外,更要对着失败吸取经验教训,绝不能因为一时的失意便失去奋斗的勇气。大发明家爱迪生就说:"失败是我所需要的,它和成功一样对我有价值,只有在我知道一切做不好的方法后,我才知道做好一件事情的方法是什么。"当我们遭遇了失败的时候,可能沮丧也可能郁闷,但这都不是重要的事情,用认真的态度寻找可以帮我们下次不再失败的原因才是重点,它让我们有了因为失败而得来的走向成功的经验。

　　其实,自古以来,成功与失败便是紧密相连的,它们没有绝对的好也没有绝对的坏。别人的成功对我们不是幸福,可是别人的失败对我们却是财富。而我们的成功也是如此,对别人来说那意味着不可复制,可是我们的失败对别人却变成了经验。这就是它们之间存在的内在联系。当我们面对成功的时候,唯有认真地探索成功的继续性,而在失败时,则要加紧总结它的经验。这样,成功与失败才会成为我们的人生中并不矛盾的存在，为我们的明天冲锋陷阵提供源动力。

别太主观，判断事物不能凭直觉

不管是人还是事情，主观与客观肯定是同时存在的两个方面，我们可以按照客观的情况去做主观的判断，但结果却并不一定正确。因为主观的判断往往会因为后来所采取的行动而最终改变客观的环境。如果一个人对客观的环境做出了错误的主观判断，那就会将客观环境拉入到一个更加恶化的过程中去，而主观的判断也在错误中越走越远。

《三国演义》中有一个曹操"宁我负天下人"的故事：曹操刺杀董卓未遂，于是连夜潜逃，当他几经辗转才逃到父亲的结拜兄弟吕伯奢家之后，受到了吕伯奢的热情款待。当夜，吕伯奢为了周到款待曹操，便吩咐家人杀猪，而自己前往外村去打酒。曹操并不知真相，当他在房间里听到吕家磨刀霍霍的声音，便立刻想到了自己的处境，然后又听吕家人讲："先绑了再杀。"便再也不加考虑，直接冲出屋外将吕家老小全部杀死。这时他才看到吕家人要杀的不过是一头猪，而不是自己。他只能快速离开吕家，没想到在路上遇到打酒回来的吕伯奢，曹操二话不说便将吕伯奢杀死。同行的陈宫非常不解，问他为什么要一错再错，曹操说："我们已经杀了他的全家，难道他还能原谅我们的行为吗？他肯定会为了报仇而去报官的，宁我负天下人，不让天下人负我。"

所有看过《三国演义》的人都说曹操生性多疑，但为什么我们不将他放入行事主观的行列中去？他的"宁我负天下人，不让天下人负我"的行为本身就是一种因为主观判断失误而最终不得不一错再错的行为。天文学家卡尔·萨根说过："科学的精神就是对矛盾的事物保持必要的审视，以及用开放性的心态面对新观念，不管它们有多古怪或违反直觉，所有新观念、旧观念，都要经得起人们的怀疑和客观性地仔细研究证实。"对待任何事物，我们要给予的就是科学性的冷静对待，而不应该是主观的意气用事。这种非常理性的主观判断对于每个大学生来说都是生活中、学习上必须避免的行为。一个习惯用主观去行事的人，只说明他对于事物的理解还不足够，只说明他理性的内在自我还不完全。谁也不是万能的，不可能什么事都知道，所以遇到事情的时候，我们唯有静下心来细细思考才能从中得出正确的判断。一时的冲动，只会将我们越来越远地拉离正确的道路。

有些同学做事常常凭借第六感，凭借直觉，甚至将这种直觉的产物归于天赋之中，认为这是了不起的解决问题的最正确方式。但事实是，直觉只是一种不经过大脑的推理而直接做出的判断，它和主观没什么两样。我们不否认它有对的时候，但那只是一种概率问题，凡事都有可能被碰上，而我们却不能因为直觉的成功概率较高，就将自己的行为交由直觉来处理，这种做法绝对是一种对自己、对别人不负责任的行为。很多时候，直觉与情绪更接近，当一个人情绪越好的时候，对于事物的开放性心态也就越强，而当一个人情绪低落时，他做出排斥的可能性相对较大。所以我们总是对自己说，一定要保持好情绪，一定要克制自己，避免受到外在的干扰，这实际上就是一种对于理性态度的需求，我们需要的是一种理性而不是一种直觉上的主观冲动。

有人曾经说："从年轻时就要培养独立思考的习惯和能力，学会判断事物的真伪。"我们作为大学生，现在要做的就是对直觉与主观这种不经考证的感受坚决拒绝，用自己已有的能力去对待事物的真实性，而不是主观地行使最直觉的思维判断，对待事物不加辨别与思考。否则，我们必将会离正确越来越远，离成功越来越远。

不要过于依赖网络资源，要懂得取其精华去其糟粕

现在就是一个互联网时代，电脑、手机，人人都不离手，它不但给了我们一个表现的空间，更是学习、工作、生活处处不可或缺的交流工具。它的巨大功能性，它的不断发展性，无疑正为我们的时代带来前所未有的便利优势。有调查证明，现在大学生就是互联网时代中最活跃的人群之一。这些人们眼中的天之骄子，这些时代的弄潮儿，面对网络的方便而深陷其中，然而大家都准备好正确利用网络了吗？

蒋卫健，大学里的懒人之一，他有一句大家熟知的口头语："不知道，问百度。"不管别人问他什么问题，他最常说的就是这句话，所以有同学笑称："好像百度是他家的一样。"蒋卫健确实将百度当成了自

己家的，而且不仅如此，各大论坛、各热点网站，都有他的影子，他说："网络让我知道了很多事，凡事只动动手指的感觉真好。"有一次，他在网上看到一个兼职的机会，工作非常轻松，工资还不低，他就想："网络真不错，还能让我抓住机会挣点儿外快。"于是直接联系了那家公司，可让他没有想到的是，那家公司先是要押金，再是要保证费，各种费用加起来花了蒋卫健五百多元钱，还是没看到兼职是什么样子。最后，那家公司再次提出要蒋卫健交纳一千元的设备使用费，说只有通过他们的设备才能完成兼职。蒋卫健想了很久还是放弃了，因为时间刚好是月底，他根本拿不出一千元钱来交了。可是等他再要求对方还给自己那五百多元的费用时，对方已经找不到人了。蒋卫健这才明白，自己上当了。

　　网络虽然让我们增长了很多的知识，可是它就如同一个潘多拉的魔盒，打开的时候有好处势必就有麻烦。像蒋卫健这样的事，在网上时时都在发生，而比这更加恶劣的恐怕是我们连想都不能想到的。这就直接告诉我们一个事实：网络虽好，但使用需谨慎。作为一个大学生，我们一定要对网络有自我辨别的能力。

　　有一部分大学生习惯去网上寻找心理上的补偿，特别是当现实让他们失望的时候，他们便以此为寄托而失去对自我的克制。这种不加把握的迷恋网络本身就是一种错误，因为当心理上的完美感受超过了现实中的挫折感受之后，就容易让人过度依赖。我们应该确认一点，普及计算机和网络是为了让它们为我们的生活服务，而不是取代内心的思考与行为的约束。同时，网络的传播速度也让信息缺乏一定的可靠性，对于那些没有分辨能力的同学来说，他们在心理上要加强防范能力，要在内心有一杆非常明确的秤来衡量它的真实与正确与否。现在国家已经加强了对网络传播行为的规范，一名大学生应当时刻认清自己的身份，从根本上杜绝传播不实的信息，从而减少自我损害。

在一个无序的网络环境中，可能要求更多的就是我们自身的自律性，它关乎我们的道德观，关乎我们为人处事的能力培养。当网络这把双刃剑对着我们展现其风采的时候，我们要做的不应该是放任自我，而是从认知、情感以及心理上去日趋完善自我标准，时刻以自身现实为基础，时刻对自我道德修养做规范，在挖掘网络可利用资源的同时，还要掌控其不好的一面。所谓取其精华，去其糟粕，才是最好的网络畅游秘籍。

学会独立思考，同时也要善于团队思考

一个最能体现我们已经成人、已经可以独立的标准应该是独立思考。当我们走进大学，当我们脱离父母的呵护与包办时，这种能力就显得格外重要。有一些人常犯一种错误：跟风。大家认为好的他们就觉得好，大家说不错的他们也认为不错。这就是没有独立思考能力的直接证明，它只会让我们距离平庸越来越近，却离成功越来越远。作为一个大学生，我们身上承载着很多的重任，工作如何解决，日后的发展如何规划，甚至是要做

一个领头人物还是做听从命令者，独立思考都至关重要。

可以说独立精神是现代精神的核心体现，更是一个现代人最根本的自我认可。那些没有自己独立思想、没有自己独立精神的人，注定了永远是一个依附他人的人格不健全者。这怎么可能是现代大学生应该存在的现状呢？标新立异才是我们自己，别具一格才是我们自己，所以我们要的是有独立精神的现代节奏，所以我们要从这时开始学会独立思考，从根本上改变自己没有个性、没有主见的性格走向。

培养独立思考能力其实并没有多难。一些同学常说："我不知道下一步怎么办。"其实这就已经成了没有独立意识的一个问题，要从这一步开始改变。要想独立思考，就必须要先勤于思考，因为这是一种发现问题的过程，它强化怀疑与求异。当遇到不知怎么办的问题时，我们完全可以多问自己几个为什么，然后从众多的为什么中找出一个答案，得出一个自己的独立判断。这样慢慢问得多了，也就习惯自己找答案了，而在自己找答案的时候，也就开始了自己思考问题的过程。

有了思考的习惯，要立志去培养它的发展，比如每天问自己一个为什么，不理解的、不知道的都可以。问自己为什么的过程，并不是一个急于要答案的过程，而是一个思考的过程，千万不要想去翻什么书，找什么专业人士，这就是走向独立思考的开始。科学家李政道说过一句话："一天想一个问题，一年就可以想365个问题，即使其中99%都是荒谬的，1%有价值，那就了不起。"这也就可以看出，我们独立思考并不一定是非要解决问题，而是要去对问题进行各方面的揣摩和构想。

相信很多同学都参加过学习小组，在这个小组里，你是经常发言的那个人吗？你是一个积极标榜自己观点的人吗？如果你只是一个听众，那很抱歉，你离独立思考还很远。只有勇敢地说出自己想法的人才能去思考，只有有了自己想法的人才能表达观点。所以在小组里，我们一定要做到探索性的发现，这就高度培养了自己独立思考的精神。争论中的思维是最为活跃的，抓住这美好的思维活跃时刻，去与同学进行辩驳，与大家进行争论，从中找到自己的思想，那你就离独立思考问题越来越近了。

不过要纠正一点，那就是独立思考不代表主观与自我。当我们表达出自己的想法时，要从它的正确性与科学性上入手，一味地排斥别人的观点顶多只能是一种主观上的偏见，而将集体的观点全盘推翻则是一种自负的表现。从大局着眼，从正确出发，尊重团队，标新自己，这才是一个善于运用独立思考去做事的人的成熟表现。团队精神是每个人发展的基石，不能因为要思考，要独立，便错误地将帮助自己走向独立思考的团队封死。团队即个人，这才是每个人都应该具备的思想与精神。

勇于提出自己的想法，将思考结果付诸实践

通过简单对比，人们不难得出这样一个结论：上过大学的人工作后的收入通常要比没上过大学的多，而且上过大学的人失业的机会相对较少。有这样的结论，绝对不是一个偶然，而完全是因为大学生所掌握的

知识要比没上过大学的人更多一些，想法要比没上过大学的人多一些。不过有知识与想法并不代表着就一定有成功的可能，因为你还要有将想法付诸行动的勇气。所以人们又得出如此观点："想法相对易得，而行动才是最难的。"

林立刚刚大学毕业就已经有公司向他早早地递出了聘请书，而且他一入职便成了公司的一个小主管。这相比一些为了工作愁苦的大学生来说，无异于天上地下的差别。可是谁也不知道当年林立上大学时的窘迫。大学的通知书寄到他手里，家里没有人高兴，因为那笔以万计的学费让父母愁得无法入睡。经过西拼东凑，最终林立得到了进大学的机会，临出门时，父母将一把零钱放到林立的手里："这就是家里的现实，以后只能靠你自己了。"那天在出门的路上，林立是流着眼泪离开的，他在心里发誓说："我一定要成功。"后来在大学里，林立一直自己解决生活费的问题，他发现家里的土特产很受城市人的欢迎，所以他每次回家总要带很多，然后在晚上去练摊。他尝试过各种兼职，从来不怕苦，只要有助于成功，他都会去做。当初他进入一家快递公司实习文职，而公司却让他从派件开始。他没有反对和抱怨，而且做得非常出色。当经理问他的感受时，他只说："我相信这不是我永久的位子。"正是因为如此，他最终得到了现在物流部分部主管的位置，而他却已经下定决心，两年坐到公司物流总部主管的位子上去，并且说："人一定要敢想，意愿决定人生，但前提是一定要有所行动。"

美好的想法是每一个人都会有的，有的人成功了，有的人却一直没有发现希望在哪里，被人说成是异想天开。其实并不是这个人想法有多离谱，而在于它迟到的行动力。去看看那些世界首富，那些赫赫名人，史蒂夫·乔布斯、比尔·盖茨、保罗·艾伦，等等。他们的想法都很简单，无非是要实现自己的想法而已，但他们却投入了200%的努力，所以他们最终成功了。这就是说，一件事情的想法纵然重要，但100%的行动力则更加重要。没有行动的想法无异于空中楼阁，它是永远也不可能被人们看到成功的机会的。

　　大学是我们积累经验与知识的阶段，要多读书，多听新闻，多从别人的身上摄取向上的精神。想要编织未来成功的蓝图，要先对想法进行缜密的思考。当你的想法成熟的时候，不要忘记大胆地表达出来，这就是一种让大家相信你努力，共同为你的努力做见证的机会。当然，在你还没有想到人生未来的时候，学习也同样适用于这种方式，哪怕是参加小组、团体的活动，都应该有自己大胆的意见设想。这也是一个付出想法并最终实现想法的过程，它同样是一次对你赶走犹豫、迈出脚步的考验。我们只要不怕失败，只要有勇气将想法付诸行动，相信最后的结果肯定是你想要的结局，因为大音乐家贝多芬说："只要是行为正当，那么勇气会使你获得一切。"

第六章 勇于创新,『中国梦』给你鲜活的思维力量

创新要从突破自己开始，戒除学习陋习

当创新的时代来临，生活便对每一个大学生提出了新的人生标准：不努力便无创新，无创新便不能彰显自我。因为创新是一种社会需求，更是一种对社会现实适应的表现，它决定了我们现在的学习成绩，决定了我们日后的工作走向。而想要具备创新的能力，首先要做的便是打破原有的自我，将那些学习陋习统统戒除。当我们已经习惯了大学轻松学习的模式的时候，那种踟蹰不前已经成了束缚我们努力的枷锁。习惯是致命的诱惑，它让我们在现实面前一再逃避，打破它相比建立可能要难上百倍。可这并不意味着便无路可走，因为美国总统林肯说过一句话："人下决心想要愉快到什么程度，他大体上就能够愉快到什么程度，你能够决定自己的心灵，控制自己的思想。"所以，我们可以打破自我，开始一种全新的学习模式，为了创新的生活做努力，关键就要看自己是不是有这份决心了。

有一个从小出家的和尚，几经修炼却总感觉不得禅理真要，于是他

去找老方丈求教。老方丈在听完他的话之后说:"既然你已经意识到了自己的不足,就说明你足够虔诚,那你离觉悟也就只剩一层纱的距离了。现在你回去蒙上床单睡一觉,醒来之后便可以了。"和尚很高兴,回到卧室便蒙了床单大睡。这时老方丈带了几个人进来,将和尚身上的床单压得紧紧的,不留一丝缝隙。和尚在床单下闷得喘不过气来憋醒了,可是他又挣扎不开床单的束缚。这让和尚感觉到只有出的气没有进的气,人都要窒息了,于是在情急之下他用力猛挣。结果床单被撕破,人也从床上滚到地上。和尚长吸一口气,不解地问老方丈这是为什么,老方丈却说:"你力气真大,连床单都挣破了。"和尚说:"再不挣破我就要憋死了,当然要用最大的力气。"老方丈笑着说:"你这不是开悟了吗?"和尚听完想了想,立刻给老方丈跪下:"多谢师父开解。"

是呀,当一个人面临着严重的束缚之时,第一反应势必都是努力地挣脱,如果可以用尽全身的力气,这束缚也就自然破解了。而事情的关键在于,你是不是已经意识到了自己受到的束缚,只有自己深刻领悟到自己已经被压抑包围时才可能会涌出突破自我的心理。如果我们将那种惯性的轻松一直持续而不自知,又何来的勇气去突破与改变呢?所以,对于我们来说,想要最终走出那种所谓的轻松学习模式,需要的是一种勇气和力量,需要的是一次自我的觉醒。

太多同学习惯了磨蹭着做作业,习惯了为自己的逃课找借口,习惯了不认真听讲,甚至在困难面前举双手放弃。这些都是阻碍我们学习进步的恶劣习惯,我们必须要意识到这些习惯已经阻止了我们成为一个创新人才的可能,那首先要做的便是为自己树立一个可见的、可激发自己向前的目标,哪怕是一个很小的进步,都要为自己记下已经努力的见证。其次，一定保证不拖拉，太多的习惯都会因为推脱而破产，对于创新来说，效率绝对是先行者。一个人哪怕有再好的点子，有再完美的想法，如果没有一定的效率，也有被别人超越、被别人捷足先登的可能。最后还应该要学会坚持，在困难面前要充满毅力。科学家居里夫人说过："生活对于任何一个人都非易事，我们必须要有坚韧不拔的精神，最要紧的还是我们自己要有信心。"

相信做到了这些，我们学习中的那些坏习惯就会越去越远，我们学习的好成绩就会将我们朝着创新推近一步。

对于没接触过的领域，试试又何妨

对于所有的人来说，成功就是抓住机会，这在很多成功人士的最终追忆里也被写成了经验之谈。可是，大家却没有意识到一点，一个人仅仅拥有为成功做下的准备是不够的，还需要一个积极主动的心态来面对机会才行。没有积极的心态，准备便无从谈起，而没有准备，机会来了还是会溜走，就是这么简单的一种因果关系。大家可以从自己的学习态度上去想一想，一个老师每天要面对那么多的学生，如果你不去主动地问老师问题，老师会追着大家问有什么需要帮助的地方吗？明白了这个道理，相信同学们就清楚自己所处的位置了吧？我们想要进步，要的就是积极心态，要的就是迎头而上。管它是不是自己正常范围之内的，只要出现了都可以去大胆地进行尝试，说不定就有意外的机会降落在你的头上。

在某公司里，老王就是一个普通的司机，他的文化程度为中专。这在那些不乏硕士生、博士生的同事面前实在不值一提。但老王做事极为主动、认真。有一次外出，领导说："老王，稍快一点，我赶时间。"于是老王飞快地将车子开进车流，可偏巧这时前面有两车发生剐蹭，两个车主站在路中间吵得不可开交。结果车子被堵了一大排，那些被堵的车主有按喇叭的，骂人的，抱怨不断。领导看到这种情况真是急得直搓手。老王二话没说，主动走到两个车主跟前，对他们晓之以理动之以情，结果两个车主也不好意思起来，自己开着车去别处解决问题了。领导被老王的能力所感动，后来公司缺少一名售后主管，便直接将老王提上去了。

也许，很多同学会对此不屑一顾，认为这不过是在拍马屁。其实，只有等到这些同学日后自己做了老板，他们才会明白员工这样积极主动工作的可贵。如果一个人对于问题总是回避、推脱，再会拍马屁又怎么样呢？机会总是给有主动精神的人留着，这就是为什么凡事一定要以主动为先机的原因。而现在的大学生却不一样，很多同学习惯用没接触过、不懂来拒绝参与事情，在他们眼里陌生的事情便是一次新的开始，意味着自己要做"菜鸟"，要从零开始。可是大家却偏偏忘了，从零开始正是学习的一种契机，它能让我们从中得到之前所不知道的很多知识。用长远的目光来看，谁能保证这些知识会在日后没有发挥的空间呢？

我们现在是朝气蓬勃的年纪，我们没有什么害怕失败的必要，学习相比工作而言更是如此，失败一次只会让我们更多一些经验与机会来认知。为什么我们要拒绝尝试新领域呢？相信一个等着老师安排作业的学生远不如一个自己寻找作业来做的学生积极。一个经常问老师有没有需要帮忙的地方的同学，远比躲在角落里不被老师发现的同学锻炼机会多。所以从增长知识、增加阅历的角度，我们不妨去多尝试一下自己所不曾接触过的领域，它会让我们更加快速地成为主动学习型学生。多尝试就是一次主动，而越主动，机会就越多，这是一种良性的循环，它会帮助我们建立人生内在的优秀品质，也会让我们成为机会面前最快、最准、最稳抓住的那个人。

大家都这样学习，不代表你一定要这样学习

大学生的生活是一种丰富而又比较自由的状态，很多人求新求变，希望自己可以从众多的学子之中脱颖而出，成为最耀眼的那一个。这是人之常情，因为这四年的生活将注定为我们的人生留下满满的回忆。可是不知大家有没有注意到这样一个问题，当你行事为人想要追求个性化的时候，你的学习是怎样的呢？别人早背晚复习，你就这样跟着，别人逃课你也一样追随？那这种从众式的学习方式与你个性化的为人标准怎

么能合拍呢？

有这样一句在年轻人中很流行的话，叫作："永远不要追随别人的脚步，除非你在森林里迷了路。"其实这不单单是指你的生活方式、你的审美趣味，也包括了你的学习。任何时候，任何事情，盲目追随别人常常会迷失了自我。一个人的精彩就在于自我的展现，不论是生活、学习还是工作。只有拥有了自己认为快乐的、适合的，那才是最自我的东西。

很多年前，有一片未经开发的草地，它通向山的另一面。村里一个想要走出大山的人便顺着草地走过去，可是没想到草地深处是一片沼泽，他一脚踏上去，便被沼泽吞没了。村里的另一个年轻人想，这个人走了再也没回来，肯定是外面的世界非常美好，于是便也顺着这条路走出去。他看到了第一个人走过的脚印，心想："我顺着这个脚印走总比自己开一条路要好。"结果走到沼泽地段他也跟着陷进去了。村里又有两个年轻人看到了希望，说："他们两个都走了没有回来，我们不如也一起走出去吧。"其中一个说："我去找条粗些的棍子，好用来清理路面。"另一个却说："你真傻，顺着他们走出去的脚印走就好了，为什么还要自己清理路呢？"那个人没有听，默默地找了一条棍子动身了。走着走着，他突然停下，说："不要走了，前面好像没有脚印了。"那个没拿棍子的人却说："可能是被什么掩盖了，我们只要继续向前就好。"拿着棍子的人却说："不，让我想一下为什么会没有脚印了。"说着他用棍子向前一探，结果就发现前面是一片沼泽。没拿棍子的人说："还好你带了条棍子，要不我们也陷进去了。"

现实中就是这样，跟着别人的脚步走的人很多，而且跟着有经验的人走的人更多，就像那个不拿棍子的人，图的只是一种便捷与依赖。但他们却不知道，真正的成功是永远不可能被复制的，哪怕你看到了成功的表象，可是你也不会理解它内在的核心所在。最终，当你自己去动手操作的时候，也就只好以失败告终了。而学习也是如此，每个人都有自己的学习方式，看到别人怎么学你就怎么学，那你很可能会陷入难以自拔的沼泽之中。与其随波逐流地跟在别人身后，不如自己去发现适合自己的学习方法。这会将你内心的真实想法体现出来，并成功地激发你对待其他事的探究习惯。不从众，不盲目，寻找自己的方法，会让你更积极更主动地面对一切。

在学习过程中，善于另辟蹊径

在西方，有句谚语叫："条条大路通罗马。"这是非常正确的结论，它告诉我们一个事实，通向成功的路有各种各样，不管走哪一条，只要你有自己的坚持，那最终都会达成目的。生活中虽然很多时候是存在着矛盾的，但我们却又被教导：求大同，存小异。这也从另外一个方面提醒了大家：真正的结果从来不是内外相一致的，成功往往包含着人们所不知的与众不同之处。看看那些成功的人，他们的目标无非都是功成名就，可是他们用的方法却又各不相同。

在非洲大草原上，每当旱季来临的时候饮水就成为动物们最大的生存威胁。不过动物的智慧也很多，地上的动物都知道天上飞的鸟儿会最早发现水源，所以便总是追着它们的方向去前进。很快，斑马等跑得快的动物追着飞翔的鸟儿找到了水源，动物们迅速地围上来，想要大喝一顿。可是大家却发现在水中有很多鳄鱼，它们目光凶残，正蓄势等待小动物的接近。但饥渴让动物们不能忍耐，最先冒险上前的是斑马，可惜它刚一上前便被鳄鱼拉下了水，成为鳄鱼们的大餐。这时，羚羊、猴子等动物只好停下来，呆呆地与鳄鱼对峙着。羚羊终于忍不住了，只好冒险上前，结果又一次被鳄鱼拉入水里去。很多小动物因为想要存活，就这样相继成为鳄鱼的美餐。猴子一直站在岸上，它们经过了思考之后，很快从水源的低洼处开始挖起洞来。没有动物理解猴子为什么要挖洞，可没过多久，水从洞底的地面渗出来，结果猴子们既绕过了鳄鱼的伏击，又喝到了水。

　　猴子之所以能够保全生命，不过是做了一件与别的动物不一样的事，这种挖洞渗水的方法就是一次另辟蹊径的思维方式。如果将它放在我们的学习上去，那又何尝不是一种别样的进步？所以说，当我们面对着不能突破、不能继续前进的目标时，完全可以用另辟蹊径的方法来解决问题。因为传统的方法用的已经让人麻木，而且解决起问题来也不再那么有效，这让我们失去价值感、成就感，这时就要采用另外的方式去满足内在的自我认同，这就是一种因地制宜的全新策略。

　　思维是一种可以自我开发，又自我求证的过程，它有着每个人都不相同的性质。当我们为了不能得到满意的结果而烦恼的时候，就应该对思维的不同性质加以利用。用别样的方法取代已经用熟的方式，用不同的思维思考新的问题,从而让我们达到更好的预期结果。又或者说,另辟蹊径是一次打破常规的过程,它考验的是我们能不能伺机而动的心理。对于这种可以为学习提供便利的打破常规,我们需要认真地引导与挖掘。自我的潜力时常就因为这样的挖掘而最终找到突破口。

换思路想问题,开新路到目标,这在生活中是必不可缺的智慧。对于一个大学生,对于一个正在学习如何工作、如何生活的年轻人,我们应该更善于利用它。一个人可以埋头苦读固然不错,可是那些善于发现学习新方法,巧妙行走新路径的做法却更加锻炼生存的本能。相信同学们会更加喜欢这种另辟蹊径的成就感,因为它包含了我们与众不同的学习技能,包括了我们标新立异的生存空间。从现在开始,去努力发现自己的独特思维的闪光点吧,它有助于我们走一条全新的道路,它将帮我们披荆斩棘,实现人生理想目标。

做别的同学不会做的事,有时也是一种收获

美国管理学者韦特莱有一条以名字命名的"韦特莱法则",大致内容就是:成功者之所以成功,是因为他们所做的事,是很多人不想去做的事。而对于我们大学生来说,看着别人的行动去行动的人绝对没有自

我可言，更不用说成功，所以偶尔去做一点别的同学不愿意做的事，对我们可能更好。有这样一个真实的故事，它就可以直接告诉我们"韦特莱法则"的正确之处。

庞子盈，北京某名校的大二学生，她对自己的要求很高，不但学习认真而且要修双学位，每天最后一个离开教室的肯定是她。有一天，班里要推选一名同学担任班长，于是大家把目标集中到庞子盈的身上。为此，她很是苦恼，学习好的同学都不想做这个班长，而她自己本来学习时间就紧张，当然更不想做了。可是，后来她做了一个仔细的分析，自己平时只一心读书，与同学们的交往很少，这让自己的人际关系并不理想，而且自己又有当众讲话就脸红的毛病，在性格上有些软弱，如果可以做班长的话，那应该会是一个很好的改变自我的机会。于是，庞子盈最终接受了班长的职务。除了抓紧时间学习以外，她开始全力地为同学们服务。半年时间下来，她的交际能力、组织协调能力都得到了很大程度的提高。而到了大四的时候，她更是提升了自己的思考能力、管理能力，除了多次被评为优秀班干部，还顺利地拿下了双学位。毕业时，学校直接表示，希望庞子盈可以留校工作。

很多事别的同学都不想做，那势必有着很多的原因，但其中最大的一个可能就是别人缺少挑战这件事的勇气。如果我们在这个时候伸出手去，那就自然地提升了自信与勇敢。抱着这种心态去做的事情，它本身就是一种正能量的走向，结果自然不会差到哪去，就算是没有做好，我们因为已经有了之前的勇气，又何怕失败呢？而从另外的现实角度来看，一份别人不愿做的事就意味着机会多，竞争少，这样的事情成功率更高。不管是谁，恐怕都希望自己的机会要多于别人，如果去竞争大家都想做的事，你的机会又怎么可能多呢？而且，人往往会因为大家都不看好某件事，所以在压力上便没有那么大，就好像失败是必然的，如果成功了反而是意外的惊喜，而失败了则在情理之中。这种心态让你更轻松更自然地去面对事情本身，成功率也就更高一些。

　　一个人是不是成功，并不是看他有没有顺利地抵达终点，而在于他是不是一个敢对逆境说不、敢去挑战自我的人，这样的人往往最终能够做成别人做不成的事。所以，挑战自己就是要从别人不愿意做的事入手，它会让我们更加有勇气面对事情。那些不想去做，也最终没有做的人，看似无所失，但在心底里已经先失去了挑战自己的勇气。选择一种行为在某种意义上就是一种态度的呈现，勇敢者说"我必须要锻炼自己"，而懦弱者却说"别人都不想做我也不做"。于是成功者与失败者就有了本质的区别：成功的人因为能吃苦，做到了别人做不了的事，而失败者怕辛苦，很少做成一件事。为了不阻挡成功的脚步，为了锻炼自我的勇气，请从突破自己开始，去挑战同学们都不愿意做的事，去实现自己与众不同的人生理念。

试试新鲜事，尝试走出校园

　　环境对于人来说至关重要，所以在心理学中，人都有一个相对的舒适区域,在这个区域之内,人是最舒服、最不想被打扰的。对于大学生而言,校园无疑就是自己的世界,在这里大家都有足够的安全感,不喜欢与陌生的人说话,不想去做额外的思考。这种生活方式对于大学生的现状非常不利,因为大学期间最重要的一点在于创造实践的机会。如果我们只留在一个安全舒适的区域之内,也就等于将自己封锁于一个范围里了,从而也就远离了行动机会。

对于大学生来说,行动是势在必行的事情,想要毕业之后不失业,想要奋斗得有目标,就得有足够的行动力。而行动就意味着进入不同的环境,走出校园在所难免,否则我们只能是知识上的巨人、行动上的矮子,我们的人际交往与社会实践能力都是零。有多少大学生曾体会过这样的尴尬:新工作环境中没人理睬,公司的活动中自己独立孤行,同事聚餐中孑然一身……这都是因为当初在学校太过于安于自己的舒适环境所造成的。走不出自我环境就迎不来新的环境,打不破自我就得不到重新塑造的机会。所以平时除了学习,还要多接触一些新鲜元素,多往校园之外的环境看一眼,去参与一把,说不定你就能找到比学校更加美好的感受。

人们总是将人生比喻成大舞台,可事实是,人生更多的时候是一个战场,如果你不能很快地适应这个环境,那就意味着你很有可能最早挂掉。避免这种结果的方法只有一个,那就是走出去,主动地面对新环境,面对新事物。放眼目光所及,你看到的往往就会是思考方法所不能突破的局限。人生美好与否,更多的时候在于你的行动有多少,而知识却又排在其后。墨子就说:"志行,为也。"一个人的作为在于最终的行动,大学生活既然已经熟悉了,已经适应了,我们为什么不去挖掘新的环境，新的场所进行突破？社区就很好，而义工更是高尚，有能力的人则寻找兼职。这些都是我们为自己将来进入社会环境所做的铺垫，它比起大家每日窝在寝室里幻想未来要实在得多。

　　社会接触实际上就是一种实践，在这方面积累的经验越多，实践得越多，将来我们的社会生活就越是如鱼得水。不要在意你走出校园做的是什么、有没有技术含量，因为我们的本职是学生，我们走出校园所要得到的最终结果就是感受社会生活。这相对于学生来说就是一种新鲜的自我改变，而不是与用工者斤斤计较于几块钱，与相处者盘算你多我少。只有经历过了，我们才会知道自己所定下的人生目标是不是有前途可言，才会更清楚真实的社会应该是什么样子。从而很好地修改我们的前进方向，激发我们的斗志。

　　当然，对于学生来说，我们除了要尝试新鲜的社会元素，还要在面对外在诱惑时对自己的行为进行把控。那种工作内容可有可无，那种坐在一个地方闲散而无纪律的环境最好少接触，它对于年轻的我们来说会有一种潜移默化的影响，只会消退我们的向上之激情，磨灭我们的奋斗力量。寻找自我释放的空间的同时，把握人生正确的方向，才是最好的行为方式。

不要在一个社团中待四年

根据心理学家马斯洛的基本需求层次理论,每个人都会在不同的人生阶段产生不同的需求。而对于大学生,走进大学校园之后,除去学习的枯燥与紧张之外,社团就成了一个良好的需求满足场所。它能给心里空虚的人提供相应的寄托,能让没有朋友的人拓展交际圈,令兴趣爱好不强烈的人增强培养兴趣的能力等。可以这样说,一个社团就是一个小社会,外面的社会所存在的各种现象,在这里几乎都可以找到。加入社团的大学生能很快地从中看到社会的影子,并学会应对的方法。

社团确实有着非常积极的作用,不管它是一个以什么内容为基础的社团,都会成功地锻炼同学们的管理、沟通、思维甚至是文字、忍耐等能力。有人说社团就是一个积聚人脉的地方,这也未尝不可,人与人之间的交流在学习上相对要少,而在共同对待一件事情的时候则相对频繁,所以它能让你找到志同道合的朋友,能表现你最为真实的一面。也正是基于这种种原因,每一个进入大学的同学,都会最终走入社团的怀抱,去寻找属于自己的理想人际关系。

但是,刚刚我们说过,人是在需要的基础上选择社团的,这就说明不同的社团有着我们不同的需要层次。大学里的社团那么多,我们会不会看得眼花缭乱呢？一个人参加多少个社团才是最合适的呢？这可能还与需要的层次有关。毕竟不同的社团满足的需求是不同的，它们各有各的侧重点，想要满足全部的需求是不可能的。不过从实际理论出发，四年大学时间只参加一个社团绝对是一次你人生的损失。因为当我们只参加一个社团的时候，就会将全部的需求与希望寄托在一个社团的身上，而当我们得不到最终的满足时，肯定会有所失落与不满，甚至是懊悔郁闷。而且最主要的是一个社团对大学生需求的局限是肯定存在的，想要拓展知识面，想要了解新生事物，就得更换不同的社团进行感受。

这就很直接地告诉我们一个事实，想要得到心里的满足与身心的愉快，一个以上的社团是绝对需要的。当我们在一个社团不能完全地发挥自己的特长，得不到自我认同的时候，就可以到另外一个社团里进行弥补。俗话常说：东方不亮西方亮。社团也是如此，我们在这个社团可能只是学习心态，而在另外一个社团就很可能是学习管理。不同的社团对我们也有不同的要求，而我们则完全可以把不同的需求投诸不同的社团中去了。

高校的领导总是鼓励学生多参加社团活动，说这是一种培养自己，发展自己的好机会。但话又说回来，凡事过犹不及，一个人的精力有限，一个社团不足以满足我们的需求，而太多的社团则让我们首尾难顾。所以还是要按照自己的能力来对待社团，如果是同时参加的话，一个人有三个社团足够了。如果是四年时间分别改换社团，那就完全量力而行吧，多尝试参加不同社团总是一次提高个人综合能力的机会。

提前进行论文规划,发掘不一样的角度

论文,是每一个大学生四年时间所必须要上交的自我认知答卷,它代表着我们的知识层次的高低,也总结着我们大学生活的知识点滴。所以,一个有目标、有发展潜力、有前瞻思想的大学生,会将论文看成自己人生完美转型的篇章,写起来也会格外用心与严谨。而某些同学则将更多的精力放在了其他事情上,甚至将论文推到较为靠后的位置,写得也相对敷衍。所谓动机不同,态度就不同,而它所带来的结果肯定不同。

一份完美的论文关系的问题很多,不但是你学习的过程,还有着成绩的评定,我们已经苦学了四年,你会因为最后的一篇论文而敷衍自我成绩吗?如果真的这样做,那只能说明你是一个还未看清轻重缓急的人。这样的人走上社会,恐怕要引起他人对你社会生活能力的质疑。另外,论文是关系到教学评估的,当你拿到毕业证的时候,当你寻找工作的时候,想要以什么样的评价去示人呢?所以,一篇论文看似一篇拖累了你寻找工作脚步的麻烦事件,可是却会真的为你的人生留下难以抹去的东西。

很多同学习惯将所有的事情按照时间顺序来进行。可是大四的时

候,时间是以分秒计算的,实习的没时间,找工作的要到处跑,而准备考研的则更加紧张。这些事都关系到自己的前途,当它们与论文相撞,你当然会首当其冲地舍弃写论文的机会了。也正是抱着这种心理,所以写论文不肯花心思,不肯找角度,按照能过就好的心态匆匆完成。如此问世的论文,自己想想都难为情了,还能指望别人认可吗?

其实写论文并不是多难的事,有心的同学会在很早就开始为自己的论文做规划了,特别是文科的同学,大四第一学期开始就完全可以开始找资料进行论文的准备了。这样做的好处你在大四下半学期会感受得到,因为要考试,要找工作,各种事情非常忙,经常会忙到自己几天不见人影,这时让你坐下来写一篇论文,你觉得可能吗?而有些系则是从导师发放题目开始的,这时你应该在实验的时候有所准备,那些原始的数据都是有用途的,与其到用的时候再去寻找,不如一开始就进行有意识的保留,等到实验完成了,论文也就出来了,可以说一点也不耽误时间。

而说到论文的质量,同学们完全可以换个角度来审视一下,主要还是一个求新求变的原则。如果我们平素已经练就了创新的本领,已经有了独立思考的习惯,那论文不过是一篇文字的组织过程而已。论文最大的忌讳在于抄袭,而模仿亦是降低新意的拦路虎。但凡我们在平时多些实践的机会,但凡对理论基础把握到位一些,将检索文献的能力提高一下,写出来的论文就大大不同了。马克思说:实践决定认识,认识反映实践。同学们应该记住:想要完成一篇好的论文,除了时间上的充分利用,还要记得去为自己的论文寻找一点独到的内容,让它变得充实而血肉丰满。

锻炼身体的方式也能独树一帜

在中国曾经受辱的年月里,西方列强将中国人称为"病夫",这是永世不能忘记的耻辱。当我们的国力越来越强,人们也终于意识到了身体的重要性,大家有了锻炼身体的习惯,并热衷于此。可是在年轻人、在我们大学生中,身体素质状况却并不理想,锻炼身体的人也少得可怜。作为未来中国的主人,我们不能做一个学习的机械人,而应该成为身强体健的运动达人,对自己的身体负责,为祖国的明天吃苦耐劳。

诚然,运动有着各种的困难,特别是对一个大学生而言,白天要消耗太多的精力,而晚上还要看书到深夜。在正是贪睡的年纪,每个人都想在床上多待一会儿。这种心情完全可以理解,但这种做法却绝对不能纵容。因为健康是一切行为的前提,没有良好的身体素质,你用什么支撑学习所需的精力,没有充沛的体力,你又如何去实现自己的理想?良好的身体素质是从长久的坚持锻炼中得来的,如果真到用时才去锻炼就未免临时抱佛脚了。所以我们每天除了固定的学习之外,更应该挤一点时间用在健身上,用在运动上。其实,知识告诉我们,科学的运动是不会产生疲劳与不适的,唯有懒惰的人才会不堪运动的痛苦。

晚清时期的武术大师吴图南,在很小的时候便患有多种疾病,肺结核、黄疸肝炎，甚至因为癫痫而导致两腿长短不一。在别人的眼里，吴图南就是一个没有寿数的人，随时都有可能失去生命。可是后来他拜了名家学习武艺，十多年日复一日地坚持，最终不但身体变得健康，人也完全摆脱了疾病的困扰。每天坚持锻炼的习惯让吴图南在百岁之龄还取得了国际太极拳表演的金牌。

运动是对身体的一种自我正能量调节，它促进着身体的完善，还会激活人的思维，让大脑保持高效运转。我们可以用心去体会一下，一个行动迟缓的人，在学习上是不可能反应灵敏的。这就是说，一个人的大脑思维是与肢体有着内在联系性的，它们的灵活性息息相关。科学已经证明，运动会改善人体大脑的供血供氧不足状况，从而让人保持清醒与心情舒畅。大学生进行适当的体育运动还会改变思维固化、身心不协调的状况，所以运动起来才是每一个大学生目前最应该做的事。

有人说："运动总是千篇一律的，这不符合我的个性。"那就说明你对运动还不了解，因为现在的运动也已经进入了时尚的时代，做流行的运动项目，参加时尚的锻炼，那完全不同于以前单调的广播体操、跑步等常规项目。而且，还有一些运动有图有文，甚至有视频，让你跟着一起动起来。一些户外的极限运动可以用来突显自己的与众不同，体验别样的刺激。只要我们将目光放开，对运动不再用有色眼镜来看待，相信各种新兴的运动让你成为达人、潮人只是几分钟的事。现在就去寻找你独树一帜的运动项目吧，从个性与乐趣中找到运动的快乐，让身体与学习共同领跑在时代前沿。

迈出尝试的第一步，才能保证冲刺的力量

一般来说，人们在开始做某件事的时候，总是感觉第一步最难跨出。这是一种自我内心保护的过程，心里有太多的不适和担心，所以让我们没有办法果断地抬起脚，勇敢地迈出第一步。于是很多计划、很多想法，就在这样的犹豫中最终夭折。其实，这种担心与害怕都是对我们人生冲刺的一种阻力，它让我们不断地徘徊在想与做之间，最后却往往一事无成。所谓"坐而写不如站而行"，人生有时候是需要一些冲动与不假思索的。有些事就是这样，当你真的迈开了第一步的时候，就会发现后面只剩下拼与冲的过程，因为太多的想法已经跟不上事情本身的变化了，这就是想一万次不如做一次的道理。而敢于迈出第一步就是这么重要，因为它意味着前进的步伐是不是已经开始。

在遥远的16世纪，西红柿还只生长于秘鲁，它长得红艳诱人，却没有人敢吃它。因为根据人们的经验，一般长着艳丽颜色的食物多半是有毒的。所以，人们称它为"狼桃"，从来不去吃，也从来没想过吃。后来英国俄罗达·格里公爵将一株西红柿苗带回自己的国家，送给女皇伊丽莎白。但它依旧只是作为观赏植物，甚至有医生警告人们："吃了它就会带来生命危险。"1830年，罗伯特上校注意到了西

红柿,他将这种植物种在自己的小镇上,并对大家说自己要吃下十个西红柿。这把镇上的居民吓坏了,大家纷纷围过来,看罗伯特想要做什么。罗伯特却面带微笑,将熟透的西红柿一颗一颗吃下肚去。这时有妇女看到他真的吃了下去,吓得当场晕倒。而罗伯特却顺利地吃完十个西红柿,毫发无损地站在那里。居民们这才相信了西红柿无毒的事实,对罗伯特报以热烈的掌声,从此,西红柿成了人们生活中不可缺少的蔬菜之一。

事情就是这样,只有迈出第一步,你才有可能收获后面的成果。不用实践去求证的结论永远缺乏力度,一个有科学态度的人会用自己先别人一步的做法来证实自己的理论。没有第一步的迈出,那任何一种科学大概也只能是一种文字或者一种假设而已,永远不会有前进的出路与实用。所以,著名学者胡适便说:"大胆假设,小心求证。"求证就是勇敢地迈出第一步,成为引导事件的主要践行者。如果我们自己都害怕困扰,那结果又从何而来?

如今,各个电视台都流行选秀活动,不管是著名的演员、主播、歌手还是无名小卒,无不大胆走出自我,他们无不是从一个青涩紧张的普通人变身为聚光灯下的宠儿的。这些人是天生的表演者、艺术家吗?他们哪个不是一开始就在这个领域进行了多年的准备呢?我们只是看到了他们最终的成名,却永远不会想到他们当初从自己的生活朝着舞台迈出的第一步的坚持。如果不是大胆地迈出那一步,那么他们的人生也不会就此改写了。

我们知道每个人都是有潜力的,只要肯努力,肯为了第一步充满勇气,那就有成功的希望。作为当代的大学生,我们更应该有这种勇于求证、勇于攀登的行动。朝着你想做的事情，朝着你要达到的目标，大胆地迈出第一步，不要害怕失败的打击，不要担心困难的阻碍，冲刺的力量会让你以最终的胜利者身份站在大家面前的。因为在这个世界上，从来就没有路，而真正的路都是第一个经过的人用脚步踩出来的。用力去踩一条自己的路，那样你才会有对这条路线的了解与权威。

第七章 学会承担,「中国梦」需要良好的责任意识

想想自己理想的人生

初入大学的时候,相信每一个同学的心里都是满满的对未来的憧憬:"我的人生将会因此而改变,我的未来一片光明……"可是如果问你的理想人生是什么样时,你还能如憧憬般这样乐观吗?可能有很多人都说不出自己的理想人生应该是什么样子,美好是美好,却没有具体的标准。而更多的同学则讲究随遇而安。似乎一切都以毕业为前提,毕业可以找到什么样的工作便开始什么样的生活。这种理论与想法真的是我们最好的人生状态吗?

虽然每个人的理想人生都不尽相同,但理想的人生肯定是一扇联系你与社会的大门,当你为自己的人生找准定位的时候,当你对自己的未来有所期待的时候,你才会拥有奋斗的动力去推开这扇大门。一个大学生只是为了工作而学习,只是为了有工作而混文凭,这种理想可能与我们的人生价值相去太远了。理想人生是有一定含金量的,所以实现起来并不是一份简单的工作可给予的。当然,这并不是说一个人总要有一个格外崇高的理想，那些将人生定位为"高富帅"的学生就很有动力，虽然其动机让人哭笑不得，可总是一种前进的方向。一种理想的人生状态可能来自于生活现状，也可能是心理需求，它都会给我们明确的目标感。也就是说，理清了人生的理想生活之后，你才会知道自己要如何对待这四年的学生生活。所谓种瓜得瓜种豆得豆，混出来的大学永远不可能与努力出来的大学等同，自然，理想的生活目标能否达到也将取决于这四年的积累。

可能财富与名望更多的时候是每一个同学的理想状态与标准，所有的理想必定与现实脱不了关系。但这也让我们更加明白一个事实，想要达到理想的生活状态，那现实中的努力就不能松懈。成功所垂青的人，往往是那些因为理想状态而孜孜以求的人。这让我们直接看清，一种理想的生活状态其实非常重要，它如同指路的灯塔，让我们看到诱惑的身影。为了那份美好去努力，比起为了学习而学习，为了考试而学习的态度要更加有动力。

只不过努力并不是说说而已，理想的生活状态就如同一份对未来生活的许诺，如果我们只是可有可无地对待，那实现的可能性永远是镜花水月。而这样的结果很可能会让你产生心理上的落差。所以，人生是一个准备的前提，理想生活状态的自我定位与设想就是让我们为了它进行准备的开始。这需要步骤与决心，更需要自我认知的恒心。

明代的学者胡居仁曾为自勉而写下过这样的对联：若有恒，何须三更眠五更起；最无益，莫过一日曝十日寒。这就是一个为了未来而努力的方向，持之以恒的学习态度与坚持不懈的学习方法完全可以达到我们想要的理想目标。我们的领袖毛泽东同志，在年轻的时候便将这两句话作为自我激励，从而取得了领导中国伟大的胜利与开拓。可见，对理想和行动的坚持，就能让我们取得相应的成绩，而成绩才是我们最终达成理想状态的根本。

大家都有理想，你也要有

小的时候，我们最常谈起的往往是伟大而崇高的理想，特别是写作文或回答老师提问的时候。有的同学直接会告诉老师："我的理想是当一名科学家。"我们有理由相信，那时的回答虽然有几分盲目或不成熟，可是却目标明确而单纯。倒不像现在，上了大学反而不知道自己理想是什么的人越来越多了。在我们应该对理想进行践行实施的时候，我们失去了理想，这种心态又怎一个悲字了得？有同学振振有词：理想是自欺欺人的童话，因为它永远也不会实现。真的是这样吗？如果我们每个人都没有理想，未来会是多么的渺茫而无望？

《荀子·劝学》中有云："无冥冥之志者，无昭昭之明；无惛惛之事者，无赫赫之功。"而孔子说："志于道，据于德，依于仁，游于艺。"这里的志便是我们的理想，它直接告诉我们，没有理想的人是完全没有方向可言的，更不要谈功成名就。自古志不立，则无成，一个因为理想不会实现便不去树立理想的人，更不知道自己在做什么，又或者永远只知道吃喝拉撒。

南非总统曼德拉生长于南非的广袤大地，他的祖祖辈辈都生活在那块土地上，可是他却从小就受到了不公平的待遇，因为他的肤色，因为他的种族，所以他的人生注定了不可改变的受歧视地位。他在九岁的时候，失去了父亲，于是只好为了糊口而跟着酋长打杂。当自己的酋长因为肤色而受到白人政府的各种不平待遇之后，他便产生了寻求正义与平等的理想，他发誓要为了平等而奋斗，要为南非的每一个黑人寻求真正的公平。于是，曼德拉从此开始了一条人生的不平之路。他曾经无数次带着黑人队伍因为公平而与白人政府对抗，后来，因为领导反抗运动而被学校除名。可他都没有动摇自己的理想，在他四十三岁的时候，因为领导种族隔离运动而入狱，被关押了二十七年。出狱之后，他依旧不改初衷，推动多部落族群的民主运动，最终成了南非的第一位总统，成了诺贝尔和平奖的得主，被南非人民称为"国父"。

法国总统戴高乐说："眼睛所到的地方就是你会到达的地方，伟人之所以伟大，是因为他们决心要做出伟大的事。"所以，我们的人生本就应该有一个理想存在，它明确而精彩，哪怕它并不是那么伟大，却一定对我们自己充满了吸引。达成它可能会很难，但因为这份吸引，我们便会为之而全力以赴，为之而倾其所有。在这样的督促之下，我们才会发现，自我的能力是如此意想不到，它就如同地下的矿藏，越是挖掘便越是惊人。

所有的人都应该有自己的理想，我们作为大学生更应该坚持这种为理想而奋斗的目标。这样的理想会给我们一个向前的理由，这样的理想会让我们感受美好带来的力量。理想的界定无须害怕，它不是人生的包袱，而应该是推动人生前进的车轮。理想不是唯有伟大才可以称之为理想，它更多的是引导我们走向未来的一条路线。所以，为自己树立一个理想吧，为自己的人生寻找一个突破口。当努力和学业成为过去，我们便会看到，因为理想我们曾经那样用心，那样执着努力地坚持，因为坚持我们的内心无憾无悔。

学会先从小事做起

几乎人人都知道这样一句名言："千里之堤，溃于蚁穴。"它的意思是千万不要小看生活中不起眼的小事，铸就大结果的往往都是小事情。所以，我们懂得了另外的一种人生理论："勿以恶小而为之，勿以善小而不为。"人生便是这样一种积累的过程，大事来自于小事的点滴积累，小事最终让大事成为不可删减的巨幅篇章。这对于我们大学生来说，就格外重要，因为有那么多的同学，总是眼望着四年之后的工作与现实，却偏偏忽略了眼下最能直接积累日后的小事情。这种只顾大鱼而不会调整钩线的人生态度说白了就是眼高手低，总有一天，抱有这种理念的人会因此而搬起石头砸了自己的脚。

从前，有一对以拾荒为生的弟兄，两个人总是盼着有一天捡个大元宝而改变目前窘迫的生活状态。这天，兄弟二人从家里出门，顺着大路开始拾荒,并期待着能遇到惊喜。这样走了不远,两个人便发现地上有几颗小钉子,弟弟立刻去捡起来,哥哥却说:"几个小钉子能卖什么钱,不捡也算了。"可是弟弟却继续捡拾,他发现钉子三三两两地散落在路上,一直延伸出去好远。他便弯着腰一个接一个地将钉子捡起来,哥哥却一直不肯弯下腰去捡。等走到路的尽头,哥哥才发现弟弟已经捡了一袋子的钉子了。于是便也想捡几个,这时却发现,钉子已经没有了。

两个人转过方向上了别的路,没走多远,他们便看到一家店挂着一块牌子,上面写着:"本店急收旧铁钉,一块钱一枚。"弟弟高兴地将钉子换成了一大笔现金,哥哥看着真是又气又悔。店主却不解地问:"为什么你们走同一条路,你却一个钉子也没捡到呢?"哥哥羞愧得低下了头。

捡一枚小钉子事小,可是重要的却在于积累,一袋子的钉子想要一次性捡完可能吗?有这样一句谚语:"罗马不是一天建成的。"再胖的人也不可能一口便吃成了现有的样子,饭要一口一口地吃,路也同样要一步一步地走。那些看不起小事,不愿从零开始,不愿从小事着眼的人,注定了最后的空空如也。这就如同那条流经九省、奔腾宽广的黄河,没有一条又一条汇集而来的小流,它永远也不会波涛汹涌、气势压人。大固然有大的宏伟,可是小却又有小的必要,天下的事情没有哪一样不经历这样的过程。

看一看那些最终成就大事业的名人吧,香港首富李嘉诚最初的职业不过是一个小小的推销员,美国钢铁大王卡内基曾经不过是一个小小的线路安装员。麦当劳、肯德基,它们的前身只是一个小小的店面,甚至是一个小小的鸡翅秘方。可正是这样的从小处着眼,才有了人们眼里如今不可超越的商业巨子,也正是因为这样的小,才让我们感觉我们的成功绝对是有希望的。

那些只想着毕业就找一份好工作的同学,请你们一定要想一想自己是不是具备了做好工作的素质与能力;那些一心想要创业、想要发财的同学,一定要认真考虑一下你创业的方向与需要的支持。没有开始的目标,再伟大也只是个模糊的雏形。想要建起高楼大厦,就得从夯实地基开始;想要成就人生的不平凡,就要从最平凡、最点滴的小事做起。因为所有的伟大都是由渺小慢慢堆起来的,它考验的是我们日常的行为。

如果没能达到目标,别泄气

对于我们的人生来说,最重要的事情是为自己做出的选择进行全力以赴的冲刺。不管这个目标是什么,它的结果如何,我们都应该在正确的前提下,秉持最大的坚持之心。其实生命就是这样,要去不断地选择,树立目标,再不断地去完成目标,提升自我。大学生的生活相对简单,却可能存在更多的变数,因为有适应的原因也有规划的失误,所以这让很多目标成为不可能完成的结果。当你遇到这样的情况时,是选择迎头而上,还是泄气不前?又或者从中发现之前所不知道的道理?

有两个孩子是一对双胞胎,因为放暑假在家,所以与父亲去爬山锻炼身体。可是这似乎对他们的体力很有考验，两个孩子全要求停下来不肯再向上。父亲只好说："那你们在这里等我，我随队友到达山顶就会下来。"于是两个孩子高兴地在原地玩起来。很快他们便发现山体其实更多的是一种沙土质地的组成，而在这种土下，却有各种让小朋友兴奋的小东西，比如不知名的虫子、多边形的小石头。于是两个人大力地挖起来，一边挖还一边说："我们要一直挖到山的那边去，把这座山挖空。"就在两个孩子挖得兴致勃勃时，父亲从山上下来了，他看到孩子在努力地挖土，便问："你们在挖什么？"其中一个孩子说："我们要把山挖空，直接走到山的那边去。"父亲一听哈哈大笑："傻孩子，凭你们的力量是不可能把这座大山挖空的，而且也不可能挖到山的那一面。"两个孩子你看我，我看你，沉默了好一会儿，另外一个孩子突然想到什么，将挖到的石头与虫子指给父亲看，他说："虽然我们挖不到山的那一面，可是我们挖到了有趣的东西。"两个孩子又一次开心地笑起来。

  其实我们的目标也是这样，当我们为了目标雄心勃勃斗志昂扬的时候，我们是想不到它不会完成的，我们所要做的便是用力地行动，去努力地向着目标发展。可是，现实生活之所以现实就在于它不可能一切如愿望般完美实现。我们的目标自然也会因为各种原因，最终没有办法去全部达成。而这时我们要做的是懊悔不甘、泄气不已、一蹶不振吗？肯定都不是，因为我们在达成目标的过程中经历了另外的快乐。就好比有人说旅游的美在于路上的风景，而不在于目的地一样，我们的目标没有达成并不是最重要的，重要的是我们在实现目标的过程中是不是投入与快乐。

心态平和，是我们走向成熟的标志，也是让我们真正认清目标的根本。我们应该有好的心态来看待目标的实现与否。一件事绝对有着成与败的两面性，没有谁一生是不经历失败而攻无不克的。想想那么伟大的拿破仑，他不是也经历了滑铁卢之败了吗？有人曾说过这样一句话："有时候，我们要学会以退为进。"失败了便泄气，便懊恼，那打击的可能会是我们终生的奋斗热情，而如果换个角度看待失败，将过程中的快乐与经验收集起来，那岂不是另一种收获？所谓"乐在其中"，这才是我们应该对目标下的定义，我们之所以会遭遇失败，就是因为我们对它的认知不够，对于它的触及不深，当经历了失败之后，我们便可以从经验中看到再次发展的机会，并因失败而总结一个足够下次成功的经验。如此便是目标另一种形式的达成了。

要找到你自己的兴趣

大科学家爱因斯坦说过这样一句名言："兴趣是最好的老师。"他的意思是要告诉大家，想要有所成，想要有所实现，先找到自己的兴趣才是首要的。可以说这是爱因斯坦自己一生的总结，他正是循着自己的兴趣才成就了最终的人生。

在爱因斯坦还上学的时候，他便发现了自己在数学方面的不足，不管怎么努力，总是有所欠缺。于是他果断地从数学领域进入自己后来的物理学研究领域中去，开始了一种枯燥的理论研究工作。并因为自己的兴趣在此，爱因斯坦终于从中找到了自己的价值体现，这也为他带来了无尽的荣誉。在他晚年的时候，他的祖国以色列居然恳请爱因斯坦出任以色列的总统。虽然爱因斯坦是犹太人，他也完全符合做以色列总统的条件，可是他却果断地谢绝了，因为他很明白政治不是自己的兴趣，总统职位对他没有什么吸引力，所以他这样说："我整个一生都在同客观物质打交道，既缺乏天才的智慧，也缺乏经验来处理行政事务以及公正地对待别人，所以本人不适合如此高官重任。"

一个成功的人，贵在他对自己的深度了解，这种深入的洞察便是对兴趣的引导，自己是不是适合某件事、某个领域，只要问兴趣便足够了。任何一件事都是由兴趣来做牵引的，没有了兴趣，行动起来势必艰难。因为兴趣让人对某件事充满主动性，进而就给人以高效的行动力。由此可见，寻找自己的兴趣才是我们大学生最终良好选择自己人生的开始。当我们面临专业选择、面临工作选择的时候，兴趣会直接给我们一个完美的指引。

可以这样说，专业与工作对兴趣的要求会高一些，如果我们对自己的专业与工作没有足够的兴趣，那就不可能学得特别出色，不可能工作得得心应手。而一个能以兴趣为专业，并最终成就事业的人，无疑是幸运的。对于我们大学生来说，培养自己的兴趣，寻找到它的根源，也就意味着你离良好的人生规划已经不远了。如果你说自己的专业并不是自己的兴趣，那当然并不代表着无药可救。因为专业可能是一个人最终谋生的本能，而兴趣则是充实人生的内在因素，它们之间并不矛盾。我们如果可以对专业进行精进的开发，又利用兴趣所带来的乐趣为人生添彩，岂不是两全其美的快意人生？

有这样一首古诗："骏马能历险，犁田不如牛。坚车能载重，渡河不如舟。舍长以就短，智者难为谋。生材贵适用，幸勿多苛求。"它非常生动地表达了一个人对于自己的认知和理解的重要性。这就如同兴趣的重要性一样，我们会从中明白什么是自己应该精通的，哪些又是需要尝试与拓展的。如此循着兴趣的方向前进，人生也同样会充满乐趣。那些将兴趣与职业做了最终结合的人，往往都迎来了人生不同程度的成功。因为兴趣让我们的激情更加澎湃，兴趣让我们的能力更加充足。成功人士李开复曾经这样说："如果一件事情你有兴趣，你就会整天在想，吃饭、洗澡、睡觉都会想，你就会觉得那是天赋，如果不知道自己的兴趣是什么，就要多尝试。"所以，一个人一定要去寻找自己的兴趣，从兴趣中去获取生活的回报与最大程度的快乐。

明白"三人行，必有我师"的道理

我们还在很小的时候，便已经知道了"谦受益，满招损"这句话。而老师又常常教导我们："谦虚使人进步，骄傲使人落后。"所以，我们一直沿着一条低调的路行走。可是忽然有一天，我们进入了大学,然后被人们称为"天之骄子",我们便在瞬间有些飘飘然了。如果只是一时的心理过激反应,那就算了,因为过段时间我们就会慢慢找到平衡。可如果这种自我感觉良好一直不退,那恐怕就会影响自己的发展了。

江扬扬与严威是同一所大学毕业的学生,两个人又同时被一家网络营销公司聘用。他们工作上都很勤奋,因为两个人就像对方的一面镜子,谁要是不努力很快就会被另一个的努力给比出来。这样工作了一年,他们的口碑得到了公司的一致认可。在某一天,公司更新了一次升职名单,这次,严威摇身变成了企划部副部长,而江扬扬却没有动地方。虽然江扬扬很不舒服,但出于同学、同事之情谊,还是恭喜了严威。严威却在突如其来的升职中表现得很是张扬,说话与做事比起从前来了个一百八十度大转弯,再做什么事便不肯亲力亲为,还对江扬扬指手画脚的。公司的同事都看不惯,对江扬扬说:"你们两个本来就难分伯仲,凭什么就他升职呀?你看他那一副小人得志的样子。"江扬扬却只是咧一下嘴笑一笑,什么也没有说。

有一次,由严威负责的案子因为中间环节纰漏过大,而让公司失去了一个大客户,公司老总非常生气,他将严威叫去办公室,说:"你说说看,这中间的问题出在了哪里?"严威振振有词地说:"肯定是有人要陷害我,不然这么大的纰漏我怎么可能发现不了呢?而且就算有问题,江扬扬他们也应该提醒我才对吧?他们都没有说,分明就是想整我。"老总又单独将江扬扬叫进办公室,问他怎么看这件事,江扬扬很诚恳地说:"如今说什么都晚了,只希望下次改进吧,我为自己没能及时发现问题而向您道歉。"一年过后,公司再次调整人员,江扬扬成了严威的上级。

  这样的事例多不可数，往往很多时候就是一个态度问题，可是它却直接影响着你前进的脚步。对于我们大学生来说，现在可能没有就业的升职压力，但是低调做人、谦虚行事依旧非常重要。孔子说："三人行，必有我师焉。"想要提高自己的学习成绩，想要提高自己的人生品质，这种甘为学生的心态就必不能少。英国哲学家培根就这样对年轻人说："我们的语言不妨直爽，但不可粗暴骄傲，有时也应当说句婉转的话，但切忌虚伪、轻浮与油滑。"可见，态度是影响人生的重要转折点，不管是说话还是办事。

  我们都知道诸葛亮这个人物，他的神机妙算给了大家非常深刻的印象，然而他的为人处事也非常值得称道，他对待任何人都从一个礼字出发。正是因为这样谨慎的行事风格，他才能真正地运筹帷幄之中而决胜于千里之外。一个骄纵的人，往往是傲气居首的，这就容易铸造其狂妄的心态。如果想要在学校、在同学们中间、在未来的人生道路上有所进步与发展，那就首先要学习诸葛亮的谨慎，然后试着用为人学生的态度来对待知识。否则，我们就很容易被划入骄傲自满的行列，成为真正坐井观天的例子。

多问为什么，凡事别模糊

作为一名大学生，我们依旧处于积累知识的行列之中，论文化，我们并没有精深到不必学习；论能力，我们也没有学哥学姐们步入社会的经验。所以，我们的生活里更多的还是"为什么"。一个知道问"为什么"的学生，往往更容易取得进步与知识的多元化，而那些耻于下问的同学，则大大地降低了求知的欲望和追求真理的勇气。

其实，我们应该时常对自己进行反省，看看自己是不是因为某些问题不精通而犯了自己并不知道的错。这是绝对有好处的，它能让我们减少出笑话的可能性，能让我们改变一知半解的毛病。鲁迅先生说："老年人常常怀疑许多真的东西，年轻人往往相信许多假的东西。"这就是一种年龄带给我们的局限性，所以多问"为什么"是一种对知识的渴望，是一种去伪存真的过程。如果凡事不求真求实，而凭着模糊进行定论，那就不符合我们大学生所谓的科学学习方式了。

法国著名的物理学家布莱斯·帕斯卡就是一个喜欢问为"为什么"的人，他不是长大了才喜欢问，而是从小就喜欢问。据说他那条著名的"帕斯卡定律"就是受小时候一个不解的"为什么"启发而发现的。当时他还只是个小学生，在放学回家的路上看到浇花的园丁将一条大水管装在水龙头上，然后打开水龙头，水管便被充得圆滚滚的。帕斯卡很是好奇，便想用手将水截住，但是以他的力气根本就压不动水管。他便围着园丁问"水为什么会在水管里向前跑"，"水为什么在水管里可以往高处流"等问题。园丁被他问得张口结舌，说："等你长大就知道了。"

后来帕斯卡自己做了实验，他将水管扎了几个洞，然后接到水龙头上，将水管提高，于是他看到水从小孔里喷出来，像是一条一条的抛物线，而且他从中得出一个结论：从小孔里喷出的水线是一样长的。但这并没有解开帕斯卡心里的谜团，他一直处于研究之中。他终于在二十五岁那年发现：加在密闭液体上的压强，能够按照原来的大小，由液体向各个方向传递。正是"为什么"才成就了帕斯卡定律的诞生。

多问为什么，是对知识的一种渴望，它能引导着你朝着知识的答案靠近。而且这种知识在书本里可能是难懂的、生硬的文字形式，局限性相对较强，而自己直接问寻来的答案却要生动得多，也更加便于我们大脑的识记。多问为什么的人往往是对知识有着求真心理的人，他们会以追求真理、清除错误答案为乐。这种纠正谬误的过程不但让我们朝着真理更近了一步，也更加提高了我们内在的知识层次。我国著名的学者陶景弘就说："人贵自立。不管什么事情，不能人家怎么说就怎么信，最好自己亲自观察，认真弄清事情的真伪，绝不能人云亦云，要打破砂锅问到底。"

从来模糊多出状况，它让我们没有办法正确地把握事情最终的走向，让我们没有办法去按计划完成既定的目标。如果我们不求真，只以模棱两可作为行事为人的标准，那也就失去了真实的意义。求真是一种坚持，知真是一种品质，没有求真知真的过程，我们永远不会具有真正的科学精神。因为不管是哪一种科学，它所需要的都是求真务实，都是坚持真理。做一个多问"为什么"的人，也就给自己留下了主观符合客观的机会，也就极大程度地去除了我们心里的虚假与谬误，最终成为实践与求真二者相统一的严谨之人。

要乐于助人，才能受欢迎

作为社会群体中的一员，哪怕还在大学的校园里，人际关系已经不可避免地成为生活内容之一。其实，不论是谁，不管在哪里，只要是有人的地方，人际便是最重要的前提。作为大学生，人际关系可能是我们最早的实习项目。别人喜欢你或者是厌恶你，躲着你又或者欢迎你，都关系到你日后在这个群体里的地位以及未来的命运走向。一个有修养、有品位、有奉献精神的人，走到哪里都会赢得人们的好感，而一个处世自我、目空一切的人，肯定没有人会买他的账。所以，想要成为一个受欢迎的大学生，一定要拿出自己的诚意来面对同学，将乐于助人的心态放在你与他人交往的首位，去努力打开自我的人际关系之网。

乐于助人可能与雷锋精神还有着一定的不同，因为我们在伸出手对待别人的时候，希望用这种助人的手段来达到与他人的友好相处，建立自我的良好人际关系。这可以形容为人际关系得以持续的有效方法，它是自发的、主动的，不期待报答的，但却并不是完全没有自我、失去了底线原则的行为。所以，乐于助人在某种程度上有着彰显自我、为自己带来良好回报的意味。如此，一个乐于助人的人，在很多时候又确实会得到比别人更多的机会。

某高校的王学武同学，正面临着毕业后的就业问题，于是经常出入一些招聘会。这天与一起来的几个同学提前半小时进入会场，就看到已经有很多人围着一家用人单位在讨论。王学武等人也准备上前去看一下情况。就在走过去的时候，王学武发现一家设备公司的招聘处，一个有点儿年纪的工作人员正吃力地挂着海报。海报的条幅有点儿长，一个人操作相对困难。于是，一向热心的王学武立刻停下脚步，帮着那名工作人员挂起海报来。这时同学们叫他："学武，快点儿啊，没机会了。"王学武一边答应着一边认真地帮着工作人员将海报弄好。

就在王学武准备离开的时候，那名工作人员却与他聊起天来，出于礼貌，王学武只好停下来与那个人交谈。那个人详细地问了王学武的专业、学校以及个人情况。这时，几个年轻的工作人员走过来，其中一个人对那位上年纪的工作人员说："于经理，你真早啊！"原来这个人竟是设备公司的人力资源部经理。于经理笑着说："我不只是早，而且还早早地为公司发现了一名可造之才。"于是当场便问王学武愿不愿意到自己的公司，开出的月薪也明显高出一般毕业生。旁边的工作人员不解，说："他有什么特长吗？"于经理却说："他的特长就是朴实、乐于助人，这样的人进公司会让人更放心。"

如今的时代虽然已经发生了翻天覆地的变化，可是有着乐于助人这种优秀品质的人却依旧是大家欢迎的。那些乐意在别人需要的时候伸一把援手的人,多数都有着良好的心理素质及优秀的自我认知。而这种向着良善发展的趋势也不断完善着学生的思想。特别是到了大学,你的成绩好不好并不需要质疑,因为一个可以在众多学子中拼杀,最终挤入大学校园的学生,只要你愿意成绩肯定不是问题,而智商也绝对过关。这时人品的优秀与否便成了主导,你是不是对他人的困难有所关注,又是不是乐于将自己的能力分享给别人,就成了衡量一个人是不是值得我们热情对待的标准。

当时代发生改变,当人际产生新的需求,我们就应该意识到自己是否受别人的欢迎,是否应该改变自己去适应这种人际的现实。在生活中、学习上,我们要以诚待人,助人为乐,多站在他人的立场想象一下对方的心理。用不了多久,你就会成为一名受人欢迎又让人喜爱的大学生了。

为自己寻找一个英雄偶像

在和平的时代里,相信不止一个人在悲呼:和平抑制了英雄的出现。是的,时代转型,社会变革,英雄也已经改变了模样。于是人们更多地去关注偶像,去做各种"粉丝"。虽然这也是情感、文化与价值观念的一种必然产物,但却让我们的人生越来越浮躁,越来越目标模糊。

其实，我们很多时候总习惯将英雄看作拯救世界、为人类的和平而献出生命的大无畏形象，他与时代改变之后的英雄形象格格不入，这就势必会让人们产生自我认知上的矛盾。早在20世纪四五十年代，人们会为了一本《钢铁是怎样炼成的》而深深觉醒，而立志报国。如今我们为什么不能将自己英雄的梦想融进现实中来，重新定位呢？英雄偶像可以不是董存瑞，不是邱少云，但完全可以是那些为了我们的生活，为了别人的幸福而默默付出，几十年如一日的坚持者。所有英雄偶像都是具有向上引导力的人，只要我们把握他的正面能量，只要他足以支撑我们的是非标准与道德观念，那就是英雄，就可以成为偶像。

"股神"巴菲特就有自己的英雄偶像，那不是蜘蛛侠也不是超人，而是他生活中给自己启示最多的父亲——霍华德·霍曼·巴菲特。巴菲特在回忆自己父亲的时候说，霍华德是一个正直的人，而且极有正义感，作为一名政府参议员，曾经在劳工法案的表决中投下不受欢迎票。之后，当他回到家乡时迎来一片嘘声，他却完全不为所动。巴菲特说："我的父亲告诉我，不要去做任何一点将自己刊登到报纸头版上去、让家人与家庭为难的事，这是责任。不但如此，他一直讲求平等，对自己的孩子从来不会采取惩罚的手段，而是以道理服人，所以我将自己的父亲当成英雄偶像，要像他一样正直，并洁身自好。"

虽然我们已经成了大学生，已经到了独立的年龄，可是我们依旧会对自己父母的一些处事行为有所不解。这就没有办法让我们像巴菲特一样去将父亲当成英雄偶像。但我们却完全可以找一个教我们本领、让我们从中受益的人物。在这样的人身上，我们能看到自己的不足，可以修正自己的错误，并学习前进的方法。没有战争时，我们比的就是谁会更好地前进，谁能不犯错误，谁又可以成功。所以那些教我们成长的人便足以成为英雄，成为偶像。这远比一个歌者、一个舞者更具导向力。

当然，英雄偶像是没有界线的，除非我们将它分成为"英雄"与"偶像"两个完全不同的个体。如果是相连的，那他就必定有着让我们为之崇拜的地方，有着让我们为之学习上进的行为。革命英雄的时代注定成为一种过去式，因为和平的岁月会沉淀过往，而偶像的力量已经卷土重来，这让我们为之疯狂的同时更期待自我的人生转变。所以，不要将单纯的喜欢当成一种崇拜的理由，如果他不能给我们带来向上的动力，那就远离吧。英雄偶像是一种榜样的力量，你在他们身上看到什么便可以升华什么，相信每一个人都会懂得这样的道理：偶像也需要正确地分辨与确认。

有一种说法，寻找到一个自己人生的英雄偶像，也就找到了自己人生的成功捷径。只不过处于转型时代的原因，我们想要树立一个心目中的英雄偶像就需要付出努力去寻找。巴菲特就说："如果你有一个合适的英雄偶像，你的一生都会非常幸运，我建议所有人都尽你所能去挑选几个最合适自己的英雄偶像，人生没有什么事比选择合适的英雄偶像更重要了。"可见，你的英雄偶像不管是谁，重要的还是合适与否。所以要多读书、多学习，以自己的能力去为人生定义自己真正的英雄偶像，这样的你才能最终从自己的英雄偶像身上有所收益。

试着做你自己的英雄

大学的时光看起来是那么美好，那么精彩，可是它却又那么动荡不安，那么坎坷不定，每一个学子都注定了要将这四年时间像雕刻一般镌进自己的内心中去。可能会有所缺憾，可能会有所落寞，但肯定更有着个性分明、自我为尊的张扬快意。每个人的大学都是一场江湖梦，在这个江湖中，我们想要成功，想要有所得，就不能只去看别人的长短，而应该多关注自己，将自己塑造成为英雄一样的人物。

是的，做自己心里的英雄，这是对我们一种最好的期许，它会变成激励我们前进的动力，会将我们推向自我人生的最理想状态。英雄是什么？一般可能是指超越普通人、具有超常能力的人。在这样的人身上我们往往会看到常人难以企及的成就和价值，看到生命的意义。而在文学作品中，在心理学中，英雄又成为一种强有力的正义的化身。我们要做自己的英雄，就是要做这样有意义的事，去实现自身的内在价值。这是在内心与自己进行的一场较量，那些残损的观念与破坏性的思想都是我们的敌人，我们要做的就是将它们逐出自我内心。

其实不用说明，因为每个人都清楚，人生本来就是一场战争，你不做英雄就意味着要被别人比下去，找不到理想的工作，成就不了自己的梦想。作为新时代的个性张扬的大学生,你是要做他人的鞍前小卒还是选择扮演成英雄来拼搏已经身不由己。除非你在现实面前逃避,只不过你很清楚,避开的是一时的安逸,而绕不过的却是终生的纠结。有这样一句话,"在这人世间,有些路是非要单独一个人去面对,单独一个人去跋涉的,路再长再远,夜再黑再暗,也得独自默默地走下去。"我们如果不做英雄,那最终的结果很可能就是失去生存的勇气,一生彷徨无助。

不过做英雄是需要勇气的,它需要一个足以支撑我们坚持下去的梦想,只有有了不想放弃,不想迷失的梦想,我们才会去用尽全力挖掘它,培育它,我们才能激发出心中的英雄情结。这种梦想对于我们大学生而言可谓恰逢其时,因为这是一个以"中国梦"为伟大实践的时代,只要我们能抓住这个机遇,相信就会成为一个敢为人先、迎头而上的英雄人物。当然,英雄的全面素质都要求很高,它需要我们大胆、勇敢又诚实、吃苦。每一种人生境界都是英雄所必须达到的,那些一心避在大树之下的人永远没有办法体会这种感受,英雄的内心充满了风雨,表面上却坦然以对。但是,当一个英雄的梦想在心里开出花来,它的光芒便成了让我们真正扬眉吐气的源泉。所谓不经风雨不见彩虹,每一个成功者的内心都曾在泥泞中穿行。

英雄之所以为英雄,是因为他们经受住了种种的打击。于是他们有理由、有资格来接受赞美、享受美好,有实力、有担当来继续为了未来无畏前行。英雄的内心无比坚毅,它坚守着梦想的达成,以坚持为底线,一直走在奋斗的路上,直到成全自己的人生信念。有人这样说:"就做你自己吧,千万不要做别人希望中的你。"英雄就是真的自己,他一直朝着自己认定的方向去努力，一直提醒自己在人生的道路上坚持并勇敢。就像有些人说的："不管想要成为什么，我们每天都应该是那个样子，也就是我们应拥有积极且乐观的模样，那么逐渐地我们特有的行为、气质，才会慢慢地融入自己的灵魂。"这就是英雄的信念，每一个有理想的同学，都应该沿着这条路去努力做自己心中的英雄，以期达到属于自己的人生。

第八章 自我管理,时刻用「中国梦」鞭策自己前行

学会管理自己，规定每天的学习时间

据说，一个效率不高的人与一个效率高的人相比，在工作上他们的效率之差可达到十倍以上。而造成这种效率之差的，恰恰是对时间的管理。其实每个人都应该对自己的时间有所管理，这在本质上其实就是在管理自己的人生。因为每个人的人生都是由时间串起来的，高效的人相当于延长了自己的生命线，而低效的人则是白白浪费了自己的生命。

如今，对于人才们来说，时间又被定义为"三八理论"，也就是说每个人的生活都是由这三个"八"所组成：八小时的工作（学习）时间，八小时的睡觉时间，还有八小时的业余时间。人与人之间的不同之处在于他们怎么对这三个"八"进行界定与利用，其中可能睡眠时间相对一致，那其他部分的时间分配呢？相信每个大学生已经有了自己独到的时间概念，自然运用起来也驾轻就熟了吧？

曾经有这样一个有趣的小故事，非常直接地说明了管理自己所拥有的时间的重要性。有两个人一起去非洲进行工作考察，当他们终于走在了非洲的大地上之后,却忽然发现自己迷失了方向,而且他们完全找不到走出去的方法。就在两个人思考如何克服这个困难的时候,远远的有一只狮子弓起健硕的脊背朝着他们望过来,似乎正在准备扑上前来的热身活动。两个人随时都有被狮子吞掉的可能,这时其中一个人便立刻打开自己的背包,从里面拿出运动鞋来穿上。另一个人却焦急地加速寻找方向,看到那个人在穿运动鞋便说:"不要天真了,你觉得这样可以跑过狮子的速度吗?还是寻找走出这里的方法更合适。"那个人却说:"我当然知道自己跑不过狮子,但我知道在这紧要的关头不是寻找走出去的方法,而是加强跑过你的力量,只要我跑得比你快,那就可以了。"

无疑,穿运动鞋、抓住时间机遇的那个人更懂得管理自己的时间,更明白如何运用时间对自己更有意义。没有谁比狮子跑得快,但狮子肯定不会超过跑得慢的人而去追跑得快的人,如此,跑得快的人也就赢得了改变自己命运的机会。在这样的时候,合适的方法并不一定适用,反而是抓住时间要素的办法更有效。在学校里,有很多同学上课总想着考试的事,甚至想着实习的机会,却在课后、晚上,拿着书本没完没了地看,还要一边大叫着:"我这么勤奋怎么学不好呢?"那不是你没用功,而是你没有一套管理自己的正确方法。

我们还是学生,我们必须要明白一件事,那就是对自己时间的有效分配。学习时间是绝对不能用来做别的事的,不管它是什么事,肯定都没有放弃学习所带来的后果严重。懂得管理自己的同学就会给自己的时间进行划分,一段专门用来学习的时间是必需的管理内容。在这段时间里,我们就是要认真地学习,努力地听课,将这之外的一切事情都留在自己其他的时间里去进行。这样将时间进行定位与分配,也就有效地提高了它的利用价值，这样比起半夜不睡抱着书本打盹要实用得多。

　　管理自己除了要分配学习的专用时间之外，还要有自我决心的强化。因为很多同学都是这样，明明想得很好，可最终实行起来未必有什么效果，不是这借口就是那理由。最终学习的时间用在别处，而业余的时间又不知做了什么。当借口与一切理由找上门的时候，我们要有不妥协、不认可的黑脸精神，说不行就不行，不管怎么样，绝不能放低自己的原则。这样坚持一段时间，我们的学习时间就得到了有效的利用，这时再想要破坏它也就不可能那么随便达成了。大学就是一个自己对自己进行管理的地方，法国作家大仲马说："你要控制自己的情绪，否则你的情绪便控制了你。"时间也是这样，你要管理得了它，不然你就成了时间的奴隶。

别沉溺于网络游戏，那是虚耗大学光阴

　　大学的生活相对时间宽松，而生活现代化的发展又让每个同学都人手一台电脑。于是，除去学习的时间之外，一些喜欢独处又或者是有游戏爱好的同学便慢慢投向了网络游戏中去。在那里，人们确实可以感受到不同的心情，升级的快感、装备的达成，每一样似乎都比现实中的平淡要有趣得多。可是这样的时间过久了，危害也不请自来，挂科甚至拿

不到毕业证。这种种弊端都已经不是新鲜事，更有甚者还会因为网络游戏的迷恋而分不清现实与网络，造成人生最终的遗憾结局。

这是一个真实的例子，某中学的一名高才生曾经以560多分的成绩考取了当地的一本大学。但是大学生活的宽松再加上自己专业的便利，让他沉迷于网络游戏之中不能自拔。每天班里同学看不到他的人影，而考试从来没有正常通过过。那个曾一度意气风发的高分少年没多久就成了大学校园里颓废堕落的青年。这样，四年时间很快滑过，毕业的时候他才发现自己当初错得离谱，因为只顾了玩游戏，居然有13门课程没能通过。为此，大学没有为他发放大学毕业证，他的工作更是成了老大难问题。当初实习时，一家公司特别看好他，为他许下过月薪7000的承诺，可是最终因为他没有毕业证，这家公司连接收他都不情愿了。

后来这个年轻人去了一家私人的小公司，在那里凭着自己对游戏的爱好与对计算机的了解，做了一名编程人员，一个月1700块的薪水，连他的房租都成问题。这种吃饭住宿都不方便的生活让年轻人后悔不已，他最终将网络游戏全部戒掉了。然后在离开高中五年之后又重新回到了高考的队伍里去，每天天不亮就起来看书，一天的时间恨不得掰成几份来用。如今，他已经再次成为计算机学院的大学生，只不过现在他有经验得多了，他说："我之前因为游戏而浪费了自己的人生，现在我想告诉大家，找到自己的方向，端正自己的态度，因为这才是未来的生活必需。网游浪费的只是自己的时间。"

有来自网上的调查称，大学里的学生们，有一半是喜欢网络游戏的，而沉迷者则有10%的数量。考进大学不容易，相信每个人都是经历了日夜苦读的艰辛，既然我们进了大学，为什么还不知道好好珍惜呢？

我们一味地沉迷网络游戏，不只是浪费了自己在大学的美好时光，更辜负了父母的一片深情期望，甚至让我们逃避了自己应该承担的责任。这些人生的必需，与游戏中任何一种精良的装备与等级都是不能等价交换的。

不管是爱好游戏的还是已经沉迷在其中不能醒悟的同学，大家都有必要好好地去认清这个事实，从网络的游戏瘾中走出来，从虚拟的世界中走出来。迷恋网络游戏会让我们失去对未来的期待，会让我们迷失奋斗的目标。而过度地放纵则最终将淹没我们人生的理想，甚至是让我们放弃人生。

其实作为一个成熟的年轻人，我们应该很明白，戒掉网络游戏并没有想象的那么难，完全没有必要把自己弄得那么痛苦。如果你是因为没有目标而暂时地迷失自己，首先要做的就是问一下自己，进入大学我们有什么样的目的；其次是大学毕业我们想要一份什么样的工作；最后是找到这样理想的工作我们需要哪些证书与特长。一个人只有知道了自己要走的下一步路，才会更好地掌握方向与动态。而很多人玩游戏也未必是学习不好，只不过将游戏当成一种兴趣的走向，结果玩来玩去才沉迷进去了。只要我们能找到一份更有意义的更适合自己的兴趣，就可以非常轻松地摆脱掉对于游戏的执迷。现在每个大学都有那么多社团，每个社团都有着不同的内容，我们只需要量身寻找几个适合自己的社团，也就能与游戏说再见了。不管出于哪种原因，归根结底大学都是一次改变人生与命运的转型机会，各位同学应该全力以赴，应该且行且珍惜。

别将过多时间倾注在课外活动上

我们之所以被称为大学生，是因为我们已经走出了受人督促的时代，完全以自我的意志去进行学习了。而大学正是这样一个自主学习的地方，学生们在大学的校园里应该以学习为主，为自己的专业及未来的发展进行充电，学习、掌握相关的知识。可是有些同学却有点儿本末倒置，每天花在学习上的时间还没有课外活动的一半，不但荒废了学业，还从根本上放低了对自己的管理。

刘伟与曹然是同一寝室的大学同学，每天早出晚归，比别的同学似乎都要忙。原来他们两个在外面找了一份兼职，刘伟是去给人家做英语补习，每小时的费用可不低，要几十块钱，这样一天如果讲五六个小时的话，收入就相当于小白领了。不过他有一大部分时间必须用来上课，因而每个月可以赚两三千块的兼职费。曹然就不同了，他系统地学习了Maya（美国欧特克公司出品的世界顶级的三维动画软件）、Final Cut Studio（视频后期处理套装软件）等软件，对影视后期的制作非常有帮助。于是在一家公司找到了一份城市宣传的后期制作兼职，收入直接超越了刘伟，高达五六千块。这让同寝室的同学都羡慕坏了，说："上班也不过如此了，曹然你应该直接去上全职了。"这让曹然特别高兴，对于自己的兼职就更加用心了。有时为了赶片子的进度，他不得不连夜奋战，有时好几个晚上得不到好好的休息。有一次，因为参加后期制作的时候导演就在一边看着进行，而他做到最后累得实在睁不开眼了，结果当着导演的面趴在桌上睡着了。后来他被导演说："年轻人实在没有拼搏的精神。"

就在曹然竭尽全力地做兼职的时候，刘伟却在用心地学习着自己的课程。进入大三之后，刘伟更是将兼职时间主动减少，为拿证书每天泡在图书馆。大四了，曹然才发现别人已经拿到的证书自己却早抛在了脑后，显然现在拿有些来不及了，因为各种毕业的事情都堆上来，这让他措手不及。等到临近毕业，同学们都终于找到了自己理想的工作，刘伟居然凭着自己的各种证书找了一份起薪八千多的工作，而曹然却还是五六千块没黑夜没白天地拼着。

对于大学生来说，出外实践的课外活动是必需的，而学习却也同样是必需的，甚至应该说专业学习比起实践还要重要一些，因为没有专业的知识，你便没有去做实践的资本。在这种时候，大学生要做的应该是多读书，多学习，多增强知识，多充实自己的头脑。工作的时间并不遥远，就在四年之后，我们如果总是要提前将这个工作时间拉进生活，那就肯定会打破学习的步伐，自然也就没有时间去更好地对待学习与充电了。

应该这样说，大学生的课外活动是一项短期的、可自行调整的投资机会，而学习却是长期的投资。而且这种长期投资都是为了将来更加升值，让一生受益的投资，如果没有良好的心态，又过于着急地去撇开它，那将来很可能就成了后悔莫及的事。有某大公司的 CEO 就这样说过:"我面试学生的首要条件就是他成绩单的现实,其次才是对他执行能力的考虑。一个连自己主业都修不好的人,你能指望他修好别的吗?"确实如此,课外活动虽然重要,但并没有重要到取代主要学习的地步,想要用混的想法去拿文凭的大学生可就真的想错了。

一名真正合格的大学生,不论如何不能太过单一,但在这不单一的情况下还要分得清学习为主,课外活动为次的现实。当学习与课外活动有冲突时,课外活动必须要为学习让路。主次关系决定了哪个重要哪个次要,在最合适的时候做最有意义的事,这才是我们应该做的。如果我们只一味地关注课外活动而忽略了学习的重要性,也就相当于放弃了自己对于未来的追求,这对于一个全面发展的时代来说,是肯定有着不可弥补的缺憾的,大家还是看清这个事实再去分配自己的课内课外时间吧。

从起床开始,一天的事宜尽力按照规划走

不管是什么人,一天的时间总是一样的,都是二十四小时,除了用去睡觉的之外,从你起床的那一刻起都是怎么安排的就非常重要。因为不同的安排就会产生完全不同的效用,太多人因为不知道早起之后做什么,而最终将一上午的时间白白浪费掉。身为大学生的我们,又有多少

次是一起床便已经有了有效的计划并直接进行的呢？恐怕太多人还是磨磨蹭蹭地洗脸刷牙，甚至赖在床上不想动。我们都知道一日之计在于晨，早晨的时光不好好利用，那接下来所有的计划都有可能因为时间的错乱而受到影响。

所以，对于我们来说，时间的有效计划与安排是有必要的。这会让我们更加清晰地明白自己起床应该从哪个目标开始，也会让我们一天的安排按部就班地进行下去，从而不打乱全天的计划。习惯了对一天进行规划，并按照计划行事的同学肯定在学习上更有助于进步，而那些临时起意，按照事件的发生，随时更改行动的同学，相对就要凌乱得多。至少他们的人生里没有管理的概念，也没有规划的前提，这两项都是人生的必需品，掌握不了它们，你的生活很可能就处于无法控制的状态。

其实规划并不是一种多麻烦的事，只是一个生活的习惯而已，当我们有了一定的时间有限的观念之后，就会很容易来对它进行管理。那种对着时间发呆、腻在床上无所事事的同学，随着时间的流逝往往会产生一种时不我待的缺失感。而这种感受让他们没有办法去利用剩余的时间准备一件事情，开展一项活动。因为他们不自信，不知道接下来会发生什么不可预知的事，如此便慢慢在时间上失去了自信心，找不到主人的感觉了。

而善于把握时间的人则不同，他们在未睡之前，已经将第二天的规划在脑海中进行了充分的思考。他们安心地入睡，精神饱满地醒来，起床之后便按照已经规划好的事情有条不紊地开始了。这就是一种良性的循环，浪费时间的人永远不会明白这种有效利用时间的快乐。从概念上来说，时间是最公平的东西，它从来不分你是哪一种人，不管你勤奋还是懒惰，不管你积极还是犹豫，它都每天不偏不倚不早不晚地陪伴在你的身旁。可是会利用它的人却总能在一份时间内做出足够的等值事情，甚至是超值的事情。而对时间观念淡漠又没有把握的人却就这样看着它悄悄流走，白白浪费掉，没有产生丝毫价值。

对于我们大学生而言，时间的效益性是很强大的，学习、参加活动、看书、运动，每一件事情都是需要时间的。当那些抱着书大叫时间不够用的同学苦恼不堪的时候，有规划习惯的同学已经将时间进行了弹性的利用。这就是说统筹安排时间、合理运用时间的人，永远不会为时间的短缺而苦恼。想要成为这样的人，就得为自己的时间做一个规划，按它的步子来调整自己与时间的关系。相信当你看清了时间的规律之后，你就会明白有效利用时间的好处。

做规划当然并不困难，不过是一天的事务安排而已，但重要的地方在于当你做了这样的规划时，就一定要按照这份规划行使时间，保证自己可以不因为其他的事而打破规划。当然，这并不是说就成了雷打不动的、不可变更的事，这样的规划旨在为我们提供一个行事的行为规范，如果随便就取代规划中的事情，随便就打乱它的内容，那这样的规划也就没有什么效用了。不但如此，规划对于我们学习的信心，对于我们时间的管理也有害无利。当我们在这样的规划中进行一段时间之后，保证会惊奇地发现，自己原来很多的迷茫不见了，而之前赖在床上又或者无聊打发掉的时间都得到了有效的利用，整个人充实起来了。这就是规划的有效性，它总是让我们找到自己应该做的事，明白不应该做的事。从现在开始，不妨就为自己的一天进行一次有效的规划吧，它真的有助于培养我们懂管理、有效率、小事细做、大事认真做的当代大学生风范。

戒除晚睡晚起的习惯,时间是你学习的根本

时代在发展,社会在变化,现在有越来越多的人讲究夜生活,越来越多的人喜欢去泡吧、逛夜店。而且越是年轻人似乎睡得越晚,有人甚至将传统的十点上床当成一种落伍做法来嘲笑。如果说一个又一个的"夜游者"出现是因为他们工作的性质,我们无可厚非。可惜的是,这样的生活方式已经进入了大学的校园,大学生们渐渐养成了一种不好的作息习惯:晚睡成瘾。很多大学生白天因为没有时间,便在晚上守着电脑看小说、打游戏甚至是狂聊,不到凌晨两三点绝不入睡。从而逐渐滋生出一大批晚上不肯睡、早上起不来、起来也来不及洗漱、精神不济地奔去教室的生活节奏错乱者。更有的实在睡不醒,于是干脆逃早课用来补觉。这样的生活方式真的好吗?我们自己在这种生活中失去了什么有自我反省吗?

时间是那么宝贵的东西,可是大家却将它收集起来用在了熬夜上,大家以为以自己的睡眠来兑换时间就不是一种浪费吗?有专家说,越来越多的晚睡晚起习惯诱发了人们不同程度的工作、学习、社会功能障碍。因为晚睡会让人体内的褪黑素分泌减少,这与我们的自然生物钟产生不相吻合的状态,于是大脑内产生了倒时差的现象。不但如此,褪黑

素的减少还会让我们的体温、人体电解质发生改变，于是抵抗能力直接下降，最初可能只是感觉容易累，偶尔会感冒，可时间长了就会引起情绪的动荡，易暴、焦虑、抑郁等问题都出现了。如此我们还有精力用来学习吗？这就直接导致了我们正常的学习生活受损，让我们精力受限，没有办法完成应该完成的学习任务。

可见，晚睡并不是一种时间的节省，而是对时间的另一种浪费方式，它让我们的生活、学习直接出现问题。而且，这种影响只是一个方面。因为长期的晚睡会让我们的睡眠时间得不到保证，那就会产生睡眠不足，它将直接影响一个人的身体健康，导致免疫力下降以及其他睡眠问题的产生。这个问题看起来不是很可怕，可怕是一旦形成很有可能让你终生保持。这种你想要更改都不能更改的事实，同学们想过对它的无助感吗？

就算是那些晚睡者只是想要节省点儿时间，多看一会儿书，多复习一会儿功课。可事实却是让我们最终成了时间的奴隶，晚上受支配早上不受控制。所以，从科学角度来讲，哪怕是学习也从来没有谁提倡过用不睡觉来学习的。莎士比亚说过："放弃时间的人，时间也放弃他。"我们这样晚睡晚起的习惯在本质上就是一种对时间的放弃，所以我们的生活变得不正常起来，直到最终变成被时间的放弃。

其实，就算我们一心都用在了学习上，但在我们这个年龄，良好的健康才是一切得以持续发展的基础。相比晚睡晚起所学的那点儿知识，恐怕还不如这种生活方式带来的危害多。那么从经济学的角度，如果收支不能平衡，我们为什么还要一直做下去呢？想要好好学习是一种美好的愿望，那就用正确的时间观念来达到学习的效率，何必用不科学的方法去与时间较劲，与自己的健康作对呢？希望同学们都可以摆正心态，用正确的眼光来认识时间，来戒除晚睡晚起的恶习，做一名真正能够对生活、学习、健康平衡调节的时间管理者。

保证每天的运动时间，劳逸结合很重要

法国启蒙思想家伏尔泰曾经说过一句名言："生命在于运动。"而我国的伟大领袖毛泽东则说："身体是革命的本钱。"如此，运动便成了人类得以继续发展并迎头上进的基础。不进行运动的身体，就没有动力十足的生命体征，而没有运动的生命体征，也就没有办法保证"革命"的继续了。它们之间看似简单的几个字，却实实在在对我们每一个即将成为时代主导者的大学生敲醒一记警钟：锻炼身体，保证强健体魄。

大家都知道新加坡的前总理李光耀是一个十足的胖子，因为他爱吃炸鸡翅，爱喝啤酒。这无疑对他的身体会有很大的影响。但是直到他年过古稀，还依旧保持着旺盛的精力与健康的体格，那种利落的行走方式一点儿也不像个胖胖的老人，反而非常富有弹跳力。这就在于他每天雷打不动的健身运动。不管李光耀走到哪里，不管是国内还是国外，每天二十分钟长跑必不可少的。除此之外，他还酷爱各种运动，比如，游

泳、骑自行车都是他非常拿手的运动。

有一次去某个国家进行访问，可是开完会之后他才发现，这个国家没有为他准备运动设施，于是他便骑上自行车，在早上或者傍晚进行锻炼。此后，他的身边一直带着一辆折叠自行车，为的就是方便他的运动之用。他自己就这样说："我每天都做运动，如果不做，便感到懒散，我发现健身使我感觉更好，能开胃，睡觉也更好。"所以在运动的促进下，李光耀的睡眠非常理想，每天六七个小时的睡眠质量良好，从来就没有发生过失眠的情况。也正是因为如此，他才一直到老都保持着一副让人羡慕的好身板。

作为大学生，我们的生活可能相对要特殊一些，每天要忙于学习，而且除了学习之外还有很多的证书要考，这就直接关系到我们大脑的用氧情况。如果没有运动，我们肯定会显示出身体上的不支，大脑中的氧气不足。这对于学习没有一点好处，只会让我们用去大把的时间却一无所获。因而，正确的身体锻炼就成了必需的项目，它让我们劳逸结合，身心向上。因为一个人只有身体上有了良好的运动，大脑才会跟着一起动起来。不然，我们很可能就成了身体懒惰、大脑迟钝的人。

运动不单单是提高身体素质的根本，更让我们大学生拥有健康良好的心理状态。因为运动考验的是一个人的耐力与毅力，如果没有这样的心理素质，往往是很难坚持下来的。所以运动好的人基本上做事效率都更高，这是因为他们可以进行超强耐力的坚持。另外，运动可以有效地帮我们摆脱身体上的赘肉，虽然我们并不是以胖瘦来衡量美，但一个体形标准、健康朝气的大学生在哪个用人单位都是会受到欢迎的。相对一身赘肉、做事说话慢半拍的形象，我们自己是不是也更喜欢干净利落的那一个呢?

所以,从健康出发,从心理着手,最终着眼到体形上,每一点都离不开运动的作用。我们要做最有朝气的时代精英,要心怀祖国,大展宏图,首先就要有坚持锻炼的决心。用运动来抵消学习上的压力,用运动来建构我们良好的心理素质和健康的体魄,从而做一个更强、更壮、更完美的大学生!

常规的事情要做,意料之外的事要及时调整规划

生活是不可能一帆风顺的,所谓天有不测风云,便是这个意思。很多时候,人生与天气是一样的节奏,偶尔会刮风,偶尔会下雨。但不管是哪一种情况,我们势必都要坦然以对。就像毛泽东诗词里说的一样:"不管风吹浪打,胜似闲庭信步。"当然,这种宠辱不惊的人生态度是需要千锤百炼的,我们作为大学生,还很年轻,有的更多的是一时义气与火山一般的爆发力。但这却并不能成为妨碍我们学习上成熟、坚强应对意外的理由。当意外之事打破我们的计划,我们同样要积极应对,调整计划及自我内在。因为我们很清楚,唯有如此才可能最终成就任凭风吹浪打,我自岿然不动的魄力。

在人生的风雨面前,最能体现这种行至水穷处,坐看云起时的人应

该是我们伟大的总理周恩来。当中国刚刚解放不久,西方还将中国当成一个蛮夷之地,充满了敌意甚至歧视的时候,周总理便完全云淡风轻、坦然以对了。有一次,周总理接待各国的记者访问,一位西方记者说:"请问总理先生,现在的中国有没有妓女?"大家都很惊讶,感觉这种问题提得非常有挑衅意味,而且明眼人一听就知道,这是一种连环式的套问。因为在新中国成立之后,大陆的妓女都得到了解放与改造,成了真正的自食其力者,可是在台湾却依旧保持着这种风气。如果周总理爱面子的话,那肯定会说没有,这样那位记者就会立刻抛出台湾有妓女的事实,作为总理不肯承认这个事实就是没有将台湾包括在中国领土之内。这种别有用心的提问相对于其他记者友好又秩序的发问是多么的突然又刁钻。

可是周总理却完全没有因此而产生情绪上的波动,非常冷静又肯定地说:"有!"这时全场立刻沸腾起来,接着周总理又说出下面的一句:"中国的妓女在我国台湾省。"大家听完有几秒钟的停顿,然后顿悟般掌声四起。

这就是一位看透了风云而以智慧进行自我排解的伟人形象,周总理的故事让我们看到一种面对人生意外应该如何坦然应对的能力。在我们大学的生活里,想要不被生活绊倒几次几乎是不可能的。比如,有的同学明明已经下定了决心,朝着自己的目标在努力时,却突然迎来制度上的变革,于是他整个的计划便被打乱了。这时他是应该快速调整自己的计划,重新开始,还是站在原地诅咒、郁闷,就此一蹶不振?

所以,我们经历学校生活,经历人生,要学习的不仅仅是一种知识上的智慧,更应该有着面对人生挫折时的应急反应。这种反应无疑考验能力,可更考验心态。在事实面前不愿承认事情已经发生的同学,肯定是没有成熟心志，没有自我调整能力的人。倒是那些在常规中前行，在意外中及时改变态度、调整计划继续前行的同学，他们已经非常直观地看到了事情的全部，所以他们不怨天尤人，坦然地接受并去积极地改进。这种改变对内心肯定有着冲击，但这冲击却全部转化为一种重新开始的动力，这就是痛苦坚持的升华。

相信只有这种在意外面前自我把控情绪的同学才会是最出色的，至少他做人是会朝着成功的方向跟进的。对于意外没有办法接受，因为创伤便焦虑不前的人，不可能成为一个真正的成功者。因为人生的困境与意外随时都有可能来临，它不会像常规的生活一样日日更新。当我们在常规中行走时，就要拥有意外突然造访的准备。没有一颗自我调整、面对意外的应急之心，也就失去了与意外对抗的机会。正在成长中的大学生们，用我们最蓬勃的生命来面对意外的到来吧，要相信没有打不倒的困难，没有过不去的坎坷，只要我们努力与坚持，就一定可以将意外变身为生活的一段小插曲，为谱写我们成功的人生乐章演奏出跳跃的动人音符。

考试前夕，作息学习要尽量按照固定规划走

考试是每一个学生都不可能错过的事情，对于大学生也一样。虽然我们平时可以自主学习，但每年定期的几次考试却次次都关系着我们是

不是最终能顺利毕业的大前途。所以每到考试前夕，便可以看到很多同学不知疲倦地拿着书看了又看。这种迎接考试的过程在很大程度上考验着同学们的应变能力，可以说，当人生的重要抉择到来，你如何面对将直接关系到结局的性质。当然，每一个人都有自己的应对方法，而且不管是哪一种方法，其相同的地方就在于全力以赴的决心。

其实，考试到了大学已经完全不能与小学、中学的时候同日而语。当我们对综合性的知识了解得越多，就越明白，用真正科学的复习方法对考试更有效。反倒是那种为了成绩而不惜改变个人作息习惯，甚至是打破常规的人体极限，去放手一搏的方式更无益于考试本身。因为从科学的角度来说，每个人更适应自己已有的学习习惯，这让人在心理上相对平静。对于记忆与认知，心平气和的不焦不躁最重要，如果是临时为了考试而打破自己的固定作息计划，反而让内心接受起来不习惯，从而也就多了适应的环节，反倒更加浪费了复习的精力与时间。所以，对待任何事，积极是值得肯定的，但平常心还是有助于内心的自信和自我认知的。

有些同学在考试来临之前，会将自己学习的步骤进行全盘的打破，认为不破不立，于是一大套全新的复习方式随之应运而生。结果，他们用了太多的时间在适应这种方法上，甚至因为要按照自己的这种过关想法一再突破自我极限。想要出其不意是可以理解的，但事实上，这种做法非常糟糕，就有同学因为通宵突击而在第二天考试前睡过头的。可见考试应该是一种能力与心态的双向平衡过程，而不是临时的大刀阔斧行为。

对于有些同学来说，他们的做法就很好，他们有着一种"谋定而后动"的先机之思，将自己要复习的资料及内容进行分门别类，然后按照自己固有的作息来开展复习，这种计划看似没有新意，但适应性却更强。因为他们还在生活上按照平常的步伐进行，从饮食到睡眠，甚至是心情都不会因此有太大的起伏与变更。如此，考试就像平时的一次小测验，就像听一场老师的课。用一种完全自然的心态来迎接考试，结果当然会轻松应对超常发挥了。

首先，我们可以在对比中看到，面对考试的时候，最忌讳的事情可能是没有方向，那种没头苍蝇一样的东撞一下西撞一下成为考试最不可取的方式。其次就是在考试面前大下整治之功的方法了，将自己的生活与常规计划打破，重新树立全新的学习目标，在考试前夕进行为时过晚，不但自己心理上不能接受，实行起来也会没有把握，因而内心上先输了气势。毕竟，对于一件没有把握的事，谁做起来都不太可能拥有必胜的自信的。倒是那些按计划、注重节奏的同学，每天在他们的心里都像是一场考试，所以对待问题看得透弄得清，再复习起来也就清清爽爽了。这种按照常规学习计划进行复习的同学在心理上先胜了几分，自然也就赢得了胜利的先机。

我们可以总结出这样几个考试前夕的行为准则：不投机，有计划，不挑战自我，尽量做到按部就班。俗话说：鞋子合不合试，自己的脚最清楚。只要你感觉自己的复习方式是适合自己的，那就可以放手去做了。最终的心态还是要保持，自信坚持、压力适度、发挥正常。如此便足可以应对每一道考试大关了。

别太放任自己，千万别通宵达旦

每个人都有自己的生活习惯，它就像一个既定的事实，从来不容易变更。所以古罗马诗人昆图斯说："习惯比天性更顽固。"相信这话对那些通宵达旦玩游戏、看小说、看电影不睡的同学最有体会，他们认为自己晚上睡不着，所以只好找点儿事来打发时间，却常常在白天睡不醒。这就是习惯成自然的一种表现。我们已经是大学生，应该都已经明白这种行为的根源。习惯本身其实就是与自我约束成对立关系的，特别是一个坏习惯。当我们想要坚持某种正确标准的时候，习惯才会用它最无声却最强劲的力量打破我们的约束与界线，从而让我们进入放任的状态中去。同学们那种找点儿事来打发时间的心态刚好符合了这一规律。所以，成功的人生就是一系列成功习惯的累积，失败的人生则是失败习惯的累积。想要成功，我们就得有自我约束的坚持，除了不放任自己别无他法。

曾经有一个经商的人，他最大的习惯就是晚上临睡前必定要抽一支烟。有一次，他来到一个陌生的小镇谈生意，晚上就住在一家小旅馆里。当一切都收拾妥当，他坐到床上准备睡觉时，习惯地去床头柜上摸烟。可是烟盒里却空空如也，原来白天的时候烟已经抽光了，他根本没有注意到这件事。于是他只好起来去翻找自己的行李包,依旧一无所获。他来到旅馆的前台,但人家也没有烟。因为小镇太小,一到晚上所有的店都关门了。而且这时门外正下着大雨,谁也不会出门去为他寻一包烟的。

商人在房间里怎么都无法入睡,总感觉自己内心失去了什么,那种难过比起生病更让人煎熬。他最终不能忍受,果断地穿好衣服,拿起雨伞,准备去火车站碰一下运气,因为他相信,火车站是不可能关门的。可是走到门口时,他突然笑起来,在心里问自己:"我这是在干什么呢?为了一包烟,在雨夜要去那么远的地方,这不是很可笑的行为吗?"想到这里,他毅然地重回房间上床睡觉。虽然一直没有睡好,可是他也意识到了自己这个习惯的恶劣。从此,他戒掉了抽烟的习惯,而且因为这种坚持的意志力,他最终成了闻名全国的大商人。

相信在这位商人的身上,同学们都从中看到了自己的影子。习惯这种东西被分成好与坏,但不管是哪一种,它的力量都超出我们的想象。如果你只是有着一天不看书便感觉空虚的习惯,那么恭喜你,你拥有了一个让自己走向成功的好习惯。可是,如果你是那个整天熬夜,动不动就通宵达旦不睡的人,很抱歉你已经为自己积累了失败的习惯。先不去看你熬夜的初衷,事实已经证明了这个习惯的恶劣性。该睡觉的时候不睡,我们为自己的身体健康埋下了隐患,而该学习的时间用来补觉,那又失去了学习知识的机会。这种习惯看似只是一个睡眠情况,可实际上却直接影响了我们睡眠的习惯,乃至人体生物钟的正常运转,让身体健康受到直接威胁。至于成功与否也就成了不争的事实了。

面对这种坏习惯,我们唯一要做的就是去改变它,去约束自己正常的作息时间。也许，现在我们晚上睡不着白天狂睡的习惯还不成气候，但是真正地成了气候时，它肯定不受我们的控制。为了真正对自己好，真正把握一种良好的生活习惯，我们应该在它的萌芽状态进行铲除，所谓小洞不补，大洞吃苦。学会做习惯的主人，不让它牵着我们的鼻子行走，这才是真正的自我约束，自我管理。马斯洛说："心若改变，你的态度就跟着改变；态度改变，你的习惯跟着改变；习惯改变，你的性格跟着改变；性格改变，你的人生跟着改变。"不放任自己熬夜，不放任坏习惯的养成，从现在为健康打下坚实的基础，从而去迎接属于我们成功的人生。